U0521777

胜·论

李践的《孙子兵法》商战课

李 践 ◎ 著

电子工业出版社
Publishing House of Electronics Industry
北京·BEIJING

未经许可，不得以任何方式复制或抄袭本书之部分或全部内容。
版权所有，侵权必究。

图书在版编目（CIP）数据

胜论：《孙子兵法》商战课 / 李践著. -- 北京：电子工业出版社，2025.8（2025.9重印）. -- ISBN 978-7-121-50384-9

Ⅰ．F715

中国国家版本馆CIP数据核字第2025HA8154号

责任编辑：刘淑丽
印　　刷：北京盛通印刷股份有限公司
装　　订：北京盛通印刷股份有限公司
出版发行：电子工业出版社
　　　　　北京市海淀区万寿路173信箱　邮编100036
开　　本：880×1230　1/32　印张：6.375　字数：123千字
版　　次：2025年8月第1版
印　　次：2025年9月第3次印刷
定　　价：78.00元

凡所购买电子工业出版社图书有缺损问题，请向购买书店调换。若书店售缺，请与本社发行部联系，联系及邮购电话：（010）88254888，88258888。
质量投诉请发邮件至zlts@phei.com.cn，盗版侵权举报请发邮件至dbqq@phei.com.cn。
本书咨询联系方式：（010）88254199，sjb@phei.com.cn。

前言
我的《孙子兵法》商战课

孙子曰：兵者，国之大事，死生之地，存亡之道，不可不察也。

进入2024年，商战的烈度之高，半径之大，复杂度之深，前所未有。

万物互联之下，企业经历的任何一场商战，都是全球范围的战争，跨国界，跨行业，跨市场。不专注、不重效率、思维低维、不讲兵法的企业，终局都会弹尽粮绝、全军覆没。在中国，每2分钟就有一家企业"阵亡"。

企业还卷得动吗？还有力再战吗？还有路可走吗？

《胜论》是中国企业探索东方管理智慧的问路石

自1978年改革开放以来，成千上万的创业者以梦为马，怀着对财富的渴望，凭着韧劲、闯劲、拼劲，创造了巨大财富，推动了社会进步，也让中国成为世界工厂。然而，40余年高歌猛进之后，时代迎来了分水岭。

近些年来，国际形势纷繁复杂，百年变局加速演进。国内人口红利消失，产能过剩。与此同时，中国企业家的战略思维、管理逻辑、经营理念,也面临新的挑战。过去,我们在学习美、日、欧的过程中,出现思维、认知、管理等多方面的同质化现象,进而导致产品同质化、产能过剩。许多企业家陷入了发展的困境,感到迷茫无助。

如今,从推动高质量发展,推进中国式现代化,到守正创新,发展新质生产力,整个国家都在升维。在这种趋势之下,企业家的出路只有一条:自我升维。实质还是要回到东方智慧。中国企业家,身处东方文明的发源地,坐拥巨大的精神宝库,要在商战中突围,为什么不向老祖宗问道,回到中华文化的根里面去呢?中国人还是要用中国的兵法。

这个世界上,没有一本书像《孙子兵法》,跨越2500多年,穿越国界,穿越周期,穿越时代,无论任何战争,任何竞争,任何斗争,都经得起检验。

《胜论》是孙子超越竞争思维的体现,是《孙子兵法》研究大咖们的集体智慧

2018年,行动教育开始组织企业家,深读东方智慧。我们推出哲学班,邀请薛国安、洪兵等大咖们给企业家讲《孙子兵法》。一方面借鉴西方的管理精髓和方法论,另一方面结合东方智慧中的辩证思维、整体思维、简约思维、超越竞争的思维逻辑,升级企业的战略和经营管理。

《孙子兵法》是顶级思维,战略的天花板,人类制胜规

律的总结。《孙子兵法》全篇讲战争，却不主张战争，而是强调不战而屈人之兵；不是教你打垮对手，而是强调共赢；不是鼓吹杀敌，而是强调一切资源为我所用。即使迫不得已而战，也是充分考量利害，考量成本之后的速战速决，战则求全胜。

未来的商业竞争，一定是全球一体化。东方智慧所倡导的和谐发展观，更适用于企业走向全球化，润物细无声。中国的企业要成为世界级的企业，中国企业家要成为世界级的企业家，成为可持续的、常胜的赢家，必须用《孙子兵法》武装自己，取长补短，扬长避短。

《胜论》是我和我的同学们对《孙子兵法》的学习心得和实战应用

我是千千万万个受益于改革开放的创业者中的一员。40年的创业生涯，横跨东西，转战南北，一路摸爬滚打，身经百战。从学日本的精益管理，到西方的品质管理、平衡计分卡，最终又回归到《孙子兵法》。《孙子兵法》让我懂得观时取势、择高而立、舍九取一……我把商战中遇到的现实问题与《孙子兵法》直接对照，学以致用，知行合一，为公司做战略升级、管理升级、流程升级、产品升级、服务升级，取得了"速胜"：2022年度教育行业上市公司盈利第一、社会服务业上市公司分红第一；2023年中国管理咨询机构50大

榜首；2024年上半年，公司营收增长16.54%，净利润增长22.39%……

这是站在巨人的肩上，是东方智慧带给我们的新思维模式，是一把打开更广阔商业世界的钥匙。实践是检验真理的唯一标准。

为了与更多的企业家交流和共勉，我提取了《孙子兵法》13篇的关键要点，做成13节课，同时，在讲课内容的基础上，加入了相关的案例，以及课堂上企业家们学习《孙子兵法》的转化成果，编成《胜论》这本书。

《胜论》上部为"胜篇"，是《孙子兵法》获胜规律和获胜方法的总结；下部为"论篇"，是商战的实践论，每一篇都围绕《孙子兵法》重点、企业家痛点、解决方案卡点，以检索式的结构展开，适合企业家作为工具书使用。

尊敬的企业家，当你拿起《胜论》这本书的时候，我们就是师兄弟、师兄妹了。在孙子面前，我们都是学生。很高兴你能同我一起，加入《孙子兵法》赋能商战的研学与实践当中，去求胜、取胜、论胜。

目录

上部　胜篇

第一篇　计篇——全胜　　　　　　　　　　002

全胜之义：价值最大化 成本最小化　　　　　003
全胜之计：死生之地 存亡之道　　　　　　　003
全胜之法：观时 取势 人剑合一　　　　　　006

第二篇　作战篇——速胜　　　　　　　　020

速胜之义：速度+成果　　　　　　　　　　021
速胜之计：知利害 知成本　　　　　　　　　021
速胜之法：钱、订单、聚焦　　　　　　　　024

第三篇　谋攻篇——谋胜　　　　　　　　033

谋胜之义：不战而胜　　　　　　　　　　　034

| 谋胜之计：近悦远来 | 034 |
| 谋胜之法：攻心 伐谋 伐交 | 037 |

第四篇　形篇——先胜　054

先胜之义：遥遥领先　055
先胜之计：人、财、物、销　055
先胜之法：蓝图 地图 施工图 时间图　058

第五篇　势篇——奇胜　070

奇胜之义：出其不意，独门绝技　071
奇胜之计："守正出奇"三大误区　071
奇胜之法：痛点 区隔点 制高点　075

第六篇　虚实篇——权胜　086

权胜之义：主动权 控制权　087
权胜之计：有权才有利　087
权胜之法：抢责 集权 躬身入局　088

下部　论篇

第七篇　军争篇——先机论　　100

"先机"之义：时间差 空间差　　101
"先机"之计：三步法 主观到客观　　101
"先机"之法：一抄二改三突破　　104

第八篇　九变篇——利害论　　113

"利害"之义：得与失 红与黑　　114
"利害"之计：把握双刃剑　　114
"利害"之法："大利"出奇迹　　117

第九篇　行军篇——决战论　　124

"决战"之义：决定性胜利　　125
"决战"之计：成交！逢战必决　　125
"决战"之法：人、货、场、战　　126

第十篇　地形篇——地利论　　139

"地利"之义：地段、地段、地段　　140
"地利"之计：资源、势能、制高点　　140
"地利"之法：全球布局 调兵遣将　　140

第十一篇　九地篇——并力论　　152

"并力"之义：抓要害 聚焦　　153
"并力"之计：一生只做一件事　　153
"并力"之法：新超级大客户战略　　154

第十二篇　火攻篇——不败论　　166

"不败"之义：慎用大杀器　　167
"不败"之计：居危思危　　167
"不败"之法：四个成功制高点　　170

第十三篇　用间篇——先知论　　176

"先知"之义：知天 知地 知己 知彼　　177
"先知"之计：信息战　　178
"先知"之法：信息的获取和处理　　178

后记　　186

全胜　速胜　谋胜　先胜　奇胜　权胜

胜 篇

上部

第一篇

计篇——全胜

全胜关键词

"兵者,国之大事,死生之地,存亡之道,不可不察也。"

"一曰道,二曰天,三曰地,四曰将,五曰法。"

——《孙子兵法·计篇》*

*本书《孙子兵法》内容选自中华书局2022年出版的陈曦译注版

全胜之义：价值最大化 成本最小化

从原始冲突到文明对抗，从局部战争到世界大战，从热战到冷战，从金融战到贸易战，从兵战到商战……自人类诞生以来，战争一直与人类共存。在人类文明的5000多年里，世界上每个角落，每一分，每一秒，战争无处不在！战争是人类最大的事。

战争会有哪些结果呢？

战争的五种结果：

	结果	评价	选择
1	我无代价，对手屈服于我，无后遗症	全胜	首选
2	我与对手都有代价，对手屈服于我	胜	次选
3	我与对手都有代价，对手仍未屈服	平	避免
4	我的代价大于对手，对手仍未屈服	败	力避
5	对手无代价，我屈服于对手	全败	力避

全胜，就是十分完美的胜利，是用最小的投入，产生最大的价值，获得最大的成果。

全胜之计：死生之地 存亡之道

1. 战争 必须全胜

战争成本巨大，日费万金；战争后果严重，关乎生死。战争破坏性极强，曹操用"白骨露于野，千里无鸡鸣"

形容战后的景象。

一定要重视战争！一定要谨慎！一定要三思而行！这是《孙子兵法》的开卷语，是孙子最真诚的告诫！在"一战"中战败的德国皇帝威廉二世，在读到《孙子兵法》中关于"慎战"的论述时，不禁感叹："可惜二十多年前没看到这本书！"

商场如战场，组织如军队，经营如打仗。

- 战争逻辑：

收入（战争所得）-成本（金钱、生命）=利润（所得大于消耗的那部分）

- 企业逻辑：

10-8=2 收入-成本=利润

创业者，从第一天创业开始，每一个动作都是成本。房租、水电、办公设备、工资、产品研发、市场开发……企业每时、每刻、每分、每秒，都是成本。

你投入的成本能不能产生价值，能不能产生效果，决定了能不能活下去。站在企业家的角度，你必须胜，而且要全胜，价值最大化，成本最小化。

2. 全胜五事：道、天、地、将、法

既然战争这么重要，那么在开打之前，如何考量战争的胜败？上古时期，人类用的方法是占卜。甲骨文里有很多是关于战争前占卜的。然而，到了孙子这里，他把战争从玄学

变为了科学！完全颠覆了前人。他不再求神问卜，而是给出了具体的解决方案，给出了科学的方法。

孙子认为，道、天、地、将、法五大要素，决定了战争全局。

	兵战	商战
道	民心向背	团队凝聚力
天	时机	时
地	地利	势
将	领军统帅的素养	企业一号位的素养
法	军队管理	企业组织建设

孙子的"五要素管理"，是人类历史上的第一个战略管理模型，在商战中同样适用，我认为比现代管理学中的"5W1H"更加高维。

> **5W1H分析法**
>
> 对象（What）——做什么事情
>
> 场所（Where）——什么地点
>
> 时间和程序（When）——什么时候
>
> 人员（Who）——责任人
>
> 为什么（Why）——原因
>
> 方式（How）——怎么做

孙子的最高境界不是打仗，而是打战略，代表了东方顶级的思维。企业家不用《孙子兵法》，不学《孙子兵法》，真的是巨大浪费！

全胜之法：观时 取势 人剑合一

英雄，时代的定制

你觉得自己很厉害吗？相信每个成功的企业家，都觉得是凭自己把企业做起来了。是吗？不是！你没什么了不起！甚至微不足道！

诸葛亮聪明绝顶，才华冠盖三国，可是为什么六出祁山，五次伐魏，最后"出师未捷身先死"，因为是逆势，逆天而行。为什么邓艾、钟会伐蜀，只一战，就把蜀国彻底灭了？因为是顺势而为，事半功倍。

你一定要理解，你过去的成功，完全来自"时"和"势"。因为踩准了时间和节拍，做了正确的选择乘势而上，你是被动成功的。

这个世界上，没有成功的企业，只有时代的企业。

英雄，就是时代的私人定制，时代需要什么人，什么人就能横空出世！

既然时势造英雄，那么，一个好的企业家，应该做两件事情：观时，取势。

> **商战兵法：**
>
> 观时（掌握天时）
> - 仰望星空——宏观——纵观时势
> - 抬头看路——中观——产业思维

> 取势（抢占地利）
> - 抢占战略制高点
> - 抢夺供应链制高点
> - 建立品牌制高点
> - 树立信仰制高点

1. 观时 掌握天时

世界的"时"和"势"——全球化

如何观时？立足全中国，开眼看世界。

当今世界，最重要的"时"和"势"——全球化，全球命运共同体。

这是一个相互联结、相互影响、相互依存、始终在互动的世界，这是现代文明的必然，人类社会的必然趋势，不是某个国家改变得了的。

美国成为全球第一，经济发展的动力来自哪里？全球化。

中国改革开放40余年，经济发展的奇迹来自哪里？全球化。

过去的全球化是什么？跨国企业为了抢占全球市场，在中国设厂，中国抓住这一波全球化的浪潮，一跃成为世界工厂，树立起中国制造的大旗。今天的全球化，同样并没有停止，而是走向一个更高、更精、更尖的全球化！

全球化背后的逻辑是什么?
- 全球互联——全球化的重要特征之一。
- 智能革命——当前全球化的一个重要驱动力。
- 绿色、健康、可持续发展——全球化的重要目标之一。

在数字互联的大背景下,全球的竞争格局只会加速!现在生意难做,是消费降级吗?不是。是因为你虽然生活在一个小的环境中,但是面临的是全球竞争,你是在和世界上所有的同行竞争。

全球化中用户的逻辑是什么?

用户打开手机,可以看到中国的产品,也能看到美国、日本、欧洲的产品,用户是在全球比较,用户的选择逻辑只有一个:选择最好的产品。他选择的范围更广了,手上每一分钱的含金量更高了。

全球化中企业的逻辑是什么?
- 全球买——全球采购
- 全球卖——全球竞争

中国的"时"和"势"——国家升维

中国是全球第二大经济体。中华民族勤劳奋斗的传统,创业的热情,全民介入商业的思维,对物质、对财富的渴望创造了今日的辉煌。然而,今天的中国也面临一个大战、大考,从国家竞争力的角度来看,整个国家都要做升级。

从数量的竞争，到质量的竞争；从制造的竞争，到创造的竞争；从产品的竞争，到品牌的竞争。中国本身也正在升维，择高而立。

在党的二十届三中全会上，又强化了新质生产力。

新质生产力：高科技、高效能、高质量。

新——主要指科技，针对全球化的科技互联。

质——高质量，提高人均效能，提高人均产值，提高人均回报。

也提出两个美：一个叫美丽中国，另一个叫美好生活。这是什么信号？提升人民生活质量，创建中华民族的未来美好社会。

中国未来最大的"时"和"势"，就是围绕质量的升维：高质量的生产，高质量的生活。

国家在转型升级过程中，一定会带来企业的大洗牌——从传统的低效、低质，到今后的高效、高质。这是国家意志，也是自然法则。

企业顺应"时"和"势"——自我升级

中国大变局，"剩"者为王。这个时候，你必须做强自己，国家在升级，你自己也要升级。

宏观观大势，中观看产业，微观做好你的企业：

高维——仰望星空——宏观——纵观时势

中维——抬头看路——中观——产业思维

2. 取势 抢占地利

取势，就是于万仞之上，推千钧之石。如果你能在万仞高的山顶，推下一块大石头，巨石下落，雷霆万钧，谁能挡得住？

势意味着什么？

- 势就是落差。因为择高而立，所以产生了大落差。
- 势就是高维思维。因为思维高维，所以俯视对手，降维打击。

取"势"关键一：战略择高而立

- **世界第一：战略制高点**

取势，首先要在战略上择高而立。要有最顶尖的定位。对标世界第一的标准，一抄二改。

- **供给端：产业链制高点**

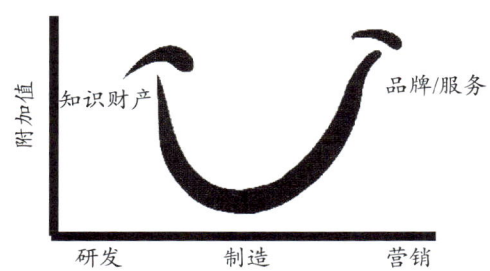

根据微笑曲线，在一个完整的产业链中，附加值最高的是两端的"供"和"销"，所以，"供"和"销"必须占领制高点。

要做强自己，前端要有强供应链。最好的原材料，最好的供应源头,要掌握在你手中。

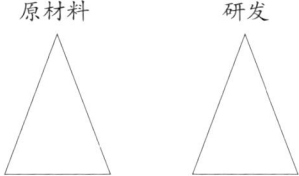

另外需注意,供应链不仅仅是原材料!服务业的供应链,在产品的研发。比如行动教育,制高点是课程的研发、内容的研发。开餐馆的要研发新菜肴,开酒店的要研发新的产品和服务,做服装的要研发新的款式,这些都是研发上要占据制高点的实例。

- **需求端:品牌制高点**

在美国,80%是连锁品牌。在日本,60%是连锁品牌。连锁模式的标准化势不可挡。品牌制高点,就是全球连锁品牌。

知名度,深挖用户的信任,把品牌势能打穿。在客户中形成标签、符号,也形成了解和认知。

美誉度,带给用户的体验是:震撼!尖叫!触动极深!说明你深度理解用户,而且完全是用户导向的。

忠诚度,是用户的重复购买,黏住一群客户,通过复购率和转介绍,形成闭环。

取"势"关键二:全球布局人财物销

既然全球竞争不可抗拒,那我们就应该主动参与,主动接受。

- **人——全球采购顶尖人才**

人才遵循拿来主义,要找高维人才、顶尖人才。

比如行动教育,我们邀请"丰田系"鼻祖级精益管理大师——田中正知讲新精益管理,因为丰田在这方面是全球第一;邀请平衡计分卡的创始人罗伯特·卡普兰讲战略,他是哈佛商学院的王牌,平衡计分卡是最具影响力的管理工具之一;邀请全球顶级的领导力大师博恩·崔西来讲授领导力……他们个个都有绝活,都可称为全球第一。

- **财——全球上市 绝不用自己的钱**

借力资本市场,做全球资本整合。A股能上马上上,A股不行就H股、美股。

- **物——全球供应链 全球市场思维**

全球范围内优化资源配置,降低成本。

- **销——全球品牌 全球渠道**

品牌打天下,全球连锁。

3. 人和——山高人为峰

孙子对"人"的理解相当高维,决定战争胜败的五大要素中,道、将、法三个要素都和"人"有关。

道：天下归心

"周公吐哺，天下归心。"道，就是人心，得人心者得天下。人心所向，也能形成势，人势所聚，势不可当。

"人心"的两大作用：

对内（人心）——志同道合、同心协力

对外（人心）——品牌知晓度、品牌满意度

"人心"来自哪里？

大计——使命

大志——愿景

大德、大基因——战略

- **使命：大意义 大格局**

使命来自大意义——工作的意义，生命的意义。这个意义背后一定是利他、奉献。如何体现利他？社会价值，人类的价值。在行动教育，我们讲的是让企业家成为第一，让企业家强、国家强、经济强、民族强。就像乔布斯让每一个人都拥有一台电脑，这种伟大的全球格局，是众望所归。

你的使命必须升级，宣告一份伟大事业。掌握人心，把焦点从"利"转向"益"。

- **愿景：画饼 造梦**

企业家都是造梦师，都是顶级叙事高手。愿景，就是画大饼，饼越大越好。百年的大志，百年后的美丽画卷，要浓墨重彩。我们就是要做一家世界级的公司，我们要成就一份伟大的事业。

- **战略：定位 目标**

战略是一套体系，从分析，到定位，到资源配置、建立竞争优势、制订计划，再到目标管理、持续监控和评估。战略对于"人心"的作用，就是指引方向，增强信心，塑造价值观，激励行动。

人性都是想往上的，真正伟大的组织，一定是从精神层面抢占制高点的。

组织动力四要素：选择——相信——行动——成功

将：天降大任

拿破仑说，一只狮子带领的99只绵羊可以打败一只绵羊带领的99只狮子。将，是三军灵魂，胜败关键。千军易得，一将难求。统帅是绝对的稀缺资源！

为将的关键：

- 大格局 大思维 大智慧
- 苦大仇深 天降大任

一个公司里，一号人物的高度，就是这家企业的高度。

为将之人，正如曹操所说："夫英雄者，胸怀大志，腹有良谋，有包藏宇宙之机，吞吐天地之志者也。"

一号位真正最有穿透力的，就是他的全球思维、产业思维；他观时、取势的大智慧，如果再加上一个条件，我认为是"苦大仇深，天降大任"。

他要有成功的强烈渴望，火一样的奋斗激情，铁打的意志和身体，必胜的信念。

打胜仗，不仅是方法，还是一种管理信仰，团队基因。

那么，选什么样的将？孙子给出了明确的综合素质要求："将者，智、信、仁、勇、严也。"

- 智

智，就是知。一个真正的领导者，就是孙子这样的，他不是一介武夫，而是对天文、地理、人文，包括对各种应用场景，对战争的来龙去脉、背后的逻辑了如指掌。取胜就来自这种知识维度。

认知→思维→行为

博学→正确的认知→高维的思维→正确的行为→好的结果

- 信

信，是领导者的信誉。

你说话算话吗？你答应别人的事，能够绝对执行吗？产品就是人品，企业品牌就是商誉。

- 仁

仁，是关爱下属。更多地体现在统帅的价值观上，就是尽可能以小的代价，取得最大的成果。不折腾，不劳民伤财，这就是最大的仁。

- 勇

勇，就是亲力亲为。作为将军是身先士卒，作为企业领导者是亲临一线、躬身入局，贪生怕死不能为将。

- 严

严,指的是标准极高。一定要用世界第一的标准,甚至刷新世界第一的标准。

法:建章立制

法,对现代企业来说,就是组织管理。孙子有四个连环问,强调的都是管理和执行。

- 法令孰行?

企业的规章制度是否有效地执行?你能不能说到做到,能不能公平、公正、公开?

- 兵众孰强?

兵多将广,装备精良,你具备吗?

- 士卒孰练?

今天,我们的方法是训战结合。基于我们的场景,基于我们的业务。打什么仗学什么本事。打大客户,就学大客户;打高品质,就学高品质;打渠道战,就学渠道战;打品牌战,就学品牌战。

- 赏罚孰明?

管理不是养老院,不是文工团,不是请客吃饭,管理是杀伐果断。优胜劣汰你能做到吗?优的升官,劣的触电,不合适的出局,能进能出,能上能下。

4. 全胜的秘密

官渡之战前,曹操只有不到2万人,而袁绍拥有10万大军。曹操对是否开打举棋不定。郭嘉有个著名的《十胜十败论》，用道胜、义胜、制胜、度胜、谋胜、德胜、仁胜、明胜、文胜、武胜等十个指标做分析：袁绍集团缺少核心愿景，派系斗争激烈，行政效率差，规章制度模糊不清，而曹操挟天子以令诸侯，号召力强，唯才是举，纪律严明，精细化管理在每一个细节……《十胜十败论》给曹操吃了定心丸，最终果然曹操取得全胜。

这与孙子的"七计"异曲同工。你的企业能不能战胜对手，可以从七个方面来比较分析：

> **商战兵法：企业的战前计量**
>
> 七计：主孰有道？将孰有能？天地孰得？法令孰行？兵众孰强？士卒孰练？赏罚孰明？
>
> - 哪一方拥有大使命、大愿景，是人心所向？
> - 哪一方一号人物更有格局、更高瞻远瞩？
> - 哪一方战略更高维？拥有更高的势能？
> - 哪一方法规、法令更能严格执行？
> - 哪一方实力更强？资源更充足？
> - 哪一方团队训练更有素、更有战斗力？
> - 哪一方赏罚更公正严明？

孙子的"五事七计"，是一套科学的战略决策体系。层次清晰，角度全面，简明扼要，容易量化。如果一个企业能把"五事"做好，并以"七计"为考量，取长补短，那就无人能敌。坚定一份伟大的事业，择高而立，胸怀全球，意志

坚定，杀伐果断，是实现全胜的秘密。

案例

择高而立 占领两个高地 从1亿元到百亿元

三国时期，关羽驻军高处，巧妙利用水势，水淹七军；宋蒙战争时，钓鱼城守军居高临下，利用山势，射杀蒙古国大汗蒙哥……在古代战争中，抢占制高点，就能给对方致命一击。所以，高处的战略位置，永远是两军争夺的焦点。其实，现代的商战，也是如此。

行动教育曾经有一个学员，他的公司做槟榔生意。2007年，他来上课的时候，他们公司产值不到1个亿，行业排名第8。那时，这个行业的价格战打得极其惨烈，上过课之后，他果断选择择高而立，调整战略，做好产品，锁定高端，很快从1个亿做到20个亿。

有一天，他又约我见面，我正要到外地去讲课，在虹桥机场入口处，他把我堵住了。我说你什么意思？他说，现在竞争很激烈，公司做了高端，可是，竞争对手追过来也做高端，最后还是打价格战。虽然现在业绩上来了，但是竞争力没有找到。我分析了一下他的行业，在机场那一刻，马上告诉他：做强来自供应链，做大来自需求链，你如果要想做到百亿元，就必须占领这两个高地！

首先，必须拿到原料。槟榔哪里来的？他说海南。我告诉他，去锁定海南的原料！他说不可能，太多了，太散了。我说，那你知不知道20/80法则？20/80法则再往上走，4%。20%×20%=4%，4%决定了64%。把最好的槟榔锁定，坚决锁定，形成垄断，做更高端的槟榔！

　　槟榔很多，但最好的槟榔一定很少。我给他举了个例子，普洱茶很多，但是最好的普洱茶不多。最好的古树普洱茶，是千年普洱茶，时间是一个价值，品种是一个价值，千年茶树活下来的没有几株。如果我做普洱茶，我就把这几株千年顶级茶树的茶叶垄断了。

　　现在需做两件事：第一件事，原料抢占制高点；第二件事，营销端做大。需求来自品牌，一定要把钱砸在品牌上。我说，如果是我，我会把50%的利润砸下去做品牌！品牌如果不引爆，永远都做不大。因为它关系到用户的认知，关系到对用户的吸引力。除非告诉我，这家企业就是赚点钱就关门了，就不用去做品牌这件事了。

　　他问我，这方法你是怎么知道的？我说，我只知道规律。《孙子兵法》能穿越千年，因为讲的都是规律，他的观时，取势，择高而立，都是规律。

　　如今，曾经在机场堵我的那家企业，已经做到百亿元了。这个行业老二的老总，现在也是我们的客户。在这之后，行业老二的老总来上我们的课，交流的时候，他向我吐槽：心痛啊！老师，这是你教他的！我们现在就是拿不到原料，原料被他垄断了！

第二篇

作战篇——速胜

速胜关键词

"故兵贵胜,不贵久。"
"取用于国,因粮于敌,故军食可足也。"
——《孙子兵法·作战篇》

速胜之义：速度 + 成果

孙子的封神之战——柏举之战，用了多长时间？你能想象吗？从吴楚两军对峙的"十一月庚午日"，到攻下楚国国都的"己卯日"，仅仅十天！孙子说"久则钝兵挫锐"，打仗不能拖，一拖就会兵疲、气挫、力尽、财竭！所以，战争一旦开打，就是速胜！

为什么孙子把速胜放在了全书的第二篇，如此靠前的位置？因为速胜是战争的第一要务，你没有一开局的速胜，就马上出局了。那后面的兵法对你来说，还有什么意义呢？

速胜有两个核心，一个是"速"，速度；另一个是"胜"，成果。

"速"和"胜"，这两个词所蕴含的理念都具有极高的层次和深度。对企业来说，速胜，就是快速展开商业行动，快速赚到利润，快速形成盈利模式，让团队感受到胜利果实。

速胜之计：知利害 知成本

1. 战争的代价极高 成本极大

知利害——战争就是毁灭

1961—1975年，美国参与越南战争，伤亡约36万人，10多年徒劳无功；1979—1989年，苏联入侵阿富汗，十年深陷

其中，让苏联濒临崩溃，最终消失在历史长河中……

打仗，就是劳"命"伤财，生灵涂炭，是用最极端的手段，最大的破坏力，最大限度地去摧毁一切。即使头号强国，如果不能速胜，结局也很悲惨。

知成本——打仗就是打钱

打仗的成本有多高？我们看看孙子时代的战争成本：

出动一辆战车，要配备100人，出动千辆战车，要配备10万人。然后是相应的粮草、马匹、甲盾、弓箭……这得花多少钱？孙子给出的答案是"日费千金"。士兵打赢了要奖励，伤了要救治，死了要抚恤，这些都是钱！

打仗就是打钱。一方面，战争对资源的消耗极大，另一面，战争还在毁灭资源。

如果把资源比喻成一个蓄水池，那么，战争一旦开启，出水的龙头突然加粗，水流突然加速，而进水的龙头被破坏掉了，甚至整个蓄水池都被摧毁了，那么，资源将顷刻耗尽！

企业经营也是如此，你一旦开启业务，出水的龙头就很难关上了，你能承受长期花钱没有回报吗？

2. 不要好战！不要乱战！不要恋战

因为战争成本极高，代价极大，所以，《孙子兵法》虽然通篇讲战争，但孙子他老人家并不主张战争。世人对孙子最大的误解，就是以为孙子是好战派，其实他是"非危不战"，迫不得已才还手。

很多老板根本没搞清楚自己到底要干什么，只知道我要创业，我要做实业，我要投入，自以为是，轻率开战，最后一大堆土地厂房，折旧摊销，负债累累。

西方的 SWOT 分析模型

优势	机会
劣势	威胁

西方的SWOT分析模型更加强调进攻，它是先找到竞争优势，抓住机遇，规避威胁。孙子的思想与之恰恰相反。孙子强调先知害，按照孙子的逻辑，不会出现自以为是的情况，不会有轻敌冒进的事情发生，这是东西方的差异。

孙子的 SWOT 分析模型

利害	成本
己方	敌方

首先，知道打仗的危害；

其次，清楚打仗的目的；

最后，分析打仗的成本。

成本来自四个方面：

- 人——团队，强吗？
- 财——钱，从哪里来？
- 物——供应链，有优势吗？
- 销——渠道、品牌，你有吗？

如果这些都没有，还打什么呢？

不要好战！——能不打尽量不打

不要乱战！——打就要有方法，有目的

不要恋战！——打就要速战速决，速胜

3. 战则速胜 别无选择

战争开局之时，资源有限，时间有限，不能战线过长，不能多点作战，更不能幻想一上来就大决战，毕其功于一役。

先知害，后知利。速胜的"利"在哪里？

- 创业之初，人心不稳，军心不振，速胜可以迅速服众，提振士气。
- 速胜可以快速拿到资源，拿到成果。

速胜之法：钱、订单、聚焦

成功的企业，都具备了速胜的三要素：

- 找到资本。
- 找到客户，找到订单。
- 极度聚焦，单点破局，取得阶段性结果。

速胜要素1：资本第一

孙子强调"因粮于敌"，从敌人那里获得粮草。曹操最善于因粮于敌，他的嫡系精锐青州兵，主要来自黄巾军降卒，而五子良将中的张辽、张郃、徐晃、于禁，全部是敌方降将。战胜了敌人，自己也更加强大，"胜敌而益强"。

对企业来说，因粮于敌，应该理解为拿市场的钱，拿社会的钱。

谁说创业必须自掏腰包？你一旦创业，自己的钱根本消耗不起，借钱和举债是最大的坑。通过自循环，成本越来越高。必须找到来自外部的、源源不断的补给。所以，速胜的第一个要素，是找到资本。

在商业战场，每个企业都要面对两个市场：

地面	天上
⬇	⬇
产品市场	资本市场

你的企业对应了两种价值：股权价值和产品价值。

你的第一个商品，不是你的产品、你的服务，而是你公司的股权，这是更高维的商品。股权是一个利益高地，也是一个天大的红利。成熟的企业家一定要充分发挥股权的价值。

股权能带来什么？

- 融资——通过出让股权，能拿到别人的钱；
- 流量和曝光——股权融资之后，媒体开始追捧；
- 提升品牌价值——相当于出资方为你做了背书；
- 资源和纽带——通过股权整合资源，为你带来利益联盟，带来更多客户；

- 自我完善——股权融资有先决条件，比如说三年规范，在A股上市必须有盈利能力，这让你一开始就具备了合规的发展环境。

资本是本，产品是末，你要先把"本"这条路打通。善战者只要一出场，就要瞄准资本市场，用别人的钱，用社会的钱，用政府的杠杆的钱，这笔钱首先就是来自融资卖股权。

速胜要素2：未买先卖

"因粮于敌"的另一个意思是用户导向，先有粮食再干活。

速胜，必须满足的一个要素，是未买先卖。就是你在还没有投入成本之前，先找市场，先有订单，拿到预付款。这个用户即使不是龙头企业，也要是一个大客户，而且是能和我们合作3~5年的长期客户。

> **商战兵法：未买先卖要解决的三个问题**
>
> - 精准定位你的核心客户
>
>   他是谁，他在哪，有什么样的购买实力，什么样的偏好。
>
>   用户为什么会买，解决他什么问题，他现在买多少，未来买多少。
>
> - 精准定位你自己
>
>   你的核心价值，你的差异化，客户为什么会买，你靠什么来赚钱。

> - 品牌思维
>   营造价值，营造品牌效应，抓住用户的眼球，占领用户的心智。

速胜要素3：极度聚焦 单点破局

孙子一直强调集中优势打歼灭战，所以，速胜的第三个要素，就是单点破局。

水烧到100摄氏度，必然会沸腾！

单点破局，就是像激光一样聚焦。

聚焦——明确的方向，明确的目标，明确的战场

并力——集中资源

在军事对抗中，对于弱的一方，在全局上不可能取得优势时，先以自己局部的优势和主动，向着敌人局部的劣势和被动，一战而胜，再及其余，各个击破，全局形势得以转变，实现从劣势到优势、由被动向主动的跨越。

速胜战术配合：极限挑战

速战，就是通过速度产生势能，挖掘潜能，激发出人的巅峰状态，做到事半功倍。

所以，速胜除战略上的三个关键要素之外，在战术上就是要打破原来的时间节点：

比如，开发客户的周期，过去可能是3~5个月，那么，我们制订新的速战计划，对四个关键环节分别提速：

给客户送书，让客户知道我们，1个星期；

争取到客户给我们提案的机会，1个星期；

做提案，邀请客户到会场，集中交付和争取客户复购，1个星期；

及时拿到成果，及时给优秀的战士极高的奖励；

最后是训战结合，边作战、边学习。

我们就是要提供一个极限挑战的可能性。

我们把企业商战的第一战，定义为破局之战。首先，找到破局的那个焦点；其次，专注一个品类，一项业务，一个潜在大客户，持续发力，穷追猛打，狠狠地砸，把它打透、击穿。你的第一仗打赢了，跨越破局点之后，就会一马平川，进入甜蜜的增长区。

案例

"初创企业"的速胜逆袭

先有订单，然后生产，说起来简单，谁不希望是这样呢？然而，初创企业没有品牌、没有人脉、没有成功的案例，客户为什么要相信你？为什么会签单？你凭什么拿到一个合作3年以上的大客户？初创公司如何逆袭？分享一个我创业的故事。

一个动作 资源和客户纷至沓来

我的第二次创业始于1991年，从跆拳道转行，在云南创办了一家在当时属于非常时髦前卫的广告公司。但其实,我拿到营业执照的那一刻,心中充满迷茫,我根本不清楚怎么开始业务。于是,我到北京、上海去向行业内的标杆学习。学到了什么是高标准,什么是择高而立,确定了商业模式,我定下一个大目标——10年内成为中国的行业第一!然而,学完以后,又迷茫了:客户怎么知道我?我去拜访客户,客户不给我时间,不给我机会。当然,我们可以去一家家走,可是,你有多少人、多少时间和资源去摸排?又能获得多大的成果?

更好的战术是什么呢?

当我苦思冥想的时候,有一天,我看到《云南日报》的一篇文章,讲的是北京申奥,全国响应,好多省份已经开始组织声援奥运的活动。那么,我为什么不在云南做一场声势浩大的声援活动呢?再看报纸上的组织单位,有总工会、共青团……我马上拿着报纸,到共青团云南省委去拜访。

"全国声援奥运,好多省都在做活动,我们云南有计划吗?"

"目前还没人做"。

"我们是一家新成立的广告公司,我们愿意做!"我说。

"先出个方案吧。"

我马上回去找资料,然后策划了万人签名、万人长跑等大规模的活动。

胜论

万人长跑,要求1万人穿统一的申奥运动服,从昆明的东风广场跑到汽车站。那么,1万人从哪里找?国有企业、政府机关都有强大的共青团,凭借共青团的号召力,组织起来完全没问题。团委书记亲自挂帅,搭班子,我和我的副总全部进入工作组。他们开了5次大型的新闻发布会、动员大会……然而,大家最好奇的是:活动的主办单位——共青团云南省委,后面跟着的风驰广告是什么来头?

因为很多事情都是我们负责执行,我们要和很多单位产生链接:政府、媒体、国有企业……经过和这些单位的多次接触,我们积累了很多资源。烟草公司、电信公司、百货大楼,这些都是我的大客户。万人长跑那天,省、市的最高领导全部出席,也包括分管城建、分管交通的领导,这些领导所负责的领域与我们的工作最为契合。我们负责接待,迎来送往,跑前跑后,结交了很多朋友。

所以,在整个活动中,我们所产生的费用极少,却获取了全部所需的资源,而且是非常高端的资源。活动还极大地提升了我们的品牌影响力,借力共青团,这个"突然冒出的广告公司",没有人不知道了。

得势不饶人 士兵突击!

其实,这也是所谓的"明修栈道,暗度陈仓"。服务项目的同时,就是把客户找准,把关系理顺,把标准、流程做好,建立连接。我把员工全部组织起来,烟草、电信、百货、医疗、旅游……各行各业，负责这些业务板块的员工，分别对接好这些行业的团委，活动还没做完，我就已经意识到客户来了。

兵贵神速，而且要一鼓作气，士兵突击。

千万记住，要得势不饶人！势这种东西，你一定要敬畏它，抱紧它的大腿，势来如风，去如电，势一旦下去，下一个势可能就赶不上、抓不住了。

全力以赴！三个月破局！

接下来的动作，就是我亲自挂帅，迅速组建营销团队，迅速调兵点将，招兵买马，迅速锁定核心客户，分行业、分客户级别建标准，建立客服流程。

通过团委书记的引荐，我们很快找到了直接负责人，顺藤摸瓜，单点破局。

第三个动作就是速战速决，全员只做一件事，就是聚焦于我们的核心主营产品，锁定客户，拿到订单。

三个月就破局了。一年下来，我们的收入达到1500万元，利润达到600万元，利润率为40%。

原来行业第一的公司，被我们碾压，收入只有几百万元。

利润第一，收入第一，员工挣到钱了，士气高涨，其中也包括我自己。1992年，我就花10万元买了一套100平方米的房子。1994年，我们成为中国50强广告公司之一。接下来，我们选拔更加优秀的人才，加入战斗序列中来，攻城略地，势如破竹，这样就进入一个良性的循环。

成功才是成功之母。速胜，就是旗开得胜，取得阶段性结果，然后顺势而为。为什么很多国家的节日，都是为了庆祝战争的胜利？因为打胜仗的故事，能驱动大家持续打胜仗。

回想我们初创企业逆袭的过程，首先，向第一的广告公司学习；其次，聚焦战略大单品，聚焦户外广告牌，形成势能，快速汇聚人才；再次，就是全力以赴，将所有可争取的广告牌位置全部拿下，因为广告牌是资源，你拿了别人就拿不了了；最后，我们赢得了"疯子"的"美名"——风驰＝疯子。

第三篇

谋攻篇——谋胜

谋胜关键词

"凡用兵之法:全国为上,破国次之。"
"不战而屈人之兵。"
"故上兵伐谋,其次伐交,其次伐兵,其下攻城。"

——《孙子兵法·谋攻篇》

胜论

谋胜之义：不战而胜

上兵伐谋，打仗的最高境界，是靠智谋取胜。

谋胜有两层含义：

运筹帷幄，决胜千里。

不战而胜，兵不血刃，吃掉对手。

这是孙子的高明之处。首先，能想到这一点的，就不是一般人。你不敢想，觉得不可能，那肯定做不到。然而，孙子想到了。他的脑洞比别人大，办法也比别人多。

谋胜之计：近悦远来

1. 竞争的三种境界 五种结果

"凡用兵之法：全国为上，破国次之；全军为上，破军次之……"

孙子说，所有打仗的方法当中，能完整地吃掉对方是上策，把对方打残是下策。百战百胜不是最高明的，不打就能让对方跪了才最高明。

战胜的三种境界：

	战争手段	己方资源	对方资源
最高境界	不战而屈人之兵	没有损失	全部获得
次高境界	百战百胜	轻微损失	没有获得
一般境界	杀敌一千，自损八百	损失惨重	没有获得

所以首先要想清楚，打仗的目的是什么。如果你打仗，就是因为对面走过来一个人，你看了他一眼，他说了一句"你瞅啥？"。然后你们就大打出手，结果是打输的住院，打赢的坐牢，这有什么意义呢？

你有没有想过，面对战斗力孱弱的宋朝军队，为什么北方那些强大的王朝——辽国、金国，都没有趁势把宋朝灭掉，而是最终选择和谈，选择不战？因为他们知道，宋朝在经济层面能够持续创造价值，借助每年收取岁币，辽国、金国可实现无本获利。

打仗无非是想要对方的资源和财富，可是，你一打，不管打赢与否，都是鸡飞蛋打，下蛋的鸡变成了一地鸡毛。

保全敌人，就是保全财富。你要把他的资源，当成是你的资源，把他的钱，当成你的钱。知己知彼，算己算彼。不但算你的账，还要算对方的账。这是谋攻篇的核心。

2. "整"他？还是"整合"他

不战而胜靠什么？《论语·子路》中有句名言："近者悦，远者来。"使近处的人得到好处而高兴，远方的人闻风就会前来投奔。

沃尔玛、星巴克、麦当劳等企业都拥有成千上万的盟友，这就是近悦远来。

把麦当劳做成全球连锁的创始人雷蒙·克罗克，在接手麦当劳以后，重新建流程，建标准，建商业模式闭环，整个管理链条做得非常高效。

麦当劳不是以卖汉堡为核心业务的，它是卖标准、卖模式的。麦当劳最狠的地方在哪里？它不是简单地让你拿钱来加盟，而是它先把店做起来，再转给你。你想做生意，对吗？但它不会让你先投入，它通过它的团队，它的流程，先确立这个门店的选址、管理方式，先打好样板，做出来收入结构，最后算出来，收入–成本=利润，明码标价。它在卖店的时候，实质是卖固定资产，卖给你之后，继续赚供应链的钱。你的食材、器材、耗材，都是从它的供应链来的。

麦当劳——高维利润——广告费、培训费、加盟费、供应链

投资商——低维利润——投资回报

加盟商投资店的钱，400万元、600万元或是800万元，可能要过5~8年才能赚回去。

把对方吸引过来，让对方"投诚"，让对方交钱给我，主动拿资源来找我合作，这就是不战而胜。用最小的代价，甚至不用代价，获得最大的胜利。

我们不能攻，因为你一攻，对方就会守，就会形成敌我，势同水火。对方会想办法突袭你，报复你，你跟他展开拼刺刀式的白刃战，杀敌一千，自损八百，只会带来更大的仇恨，更多的敌人，更犀利的复仇计划！

你总想着"整"他，为什么没想过"整合"他？我们要让他帮我们竞争，帮我们赚钱。我们要把对方变成联合体，化敌为友。

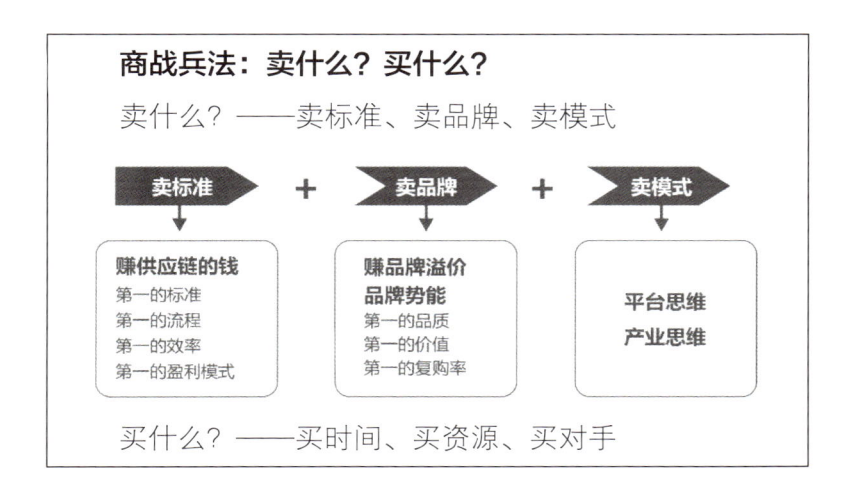

```
商战兵法：卖什么？买什么？
卖什么？——卖标准、卖品牌、卖模式

  卖标准   +   卖品牌   +   卖模式

赚供应链的钱      赚品牌溢价
第一的标准        品牌势能          平台思维
第一的流程        第一的品质        产业思维
第一的效率        第一的价值
第一的盈利模式    第一的复购率

买什么？——买时间、买资源、买对手
```

谋胜之法：攻心 伐谋 伐交

1. 攻心：以天下为己任

大梦想、大愿景=穿心之利器

要实现"少投入、低风险、大成果"，让对方近悦远来，首先是攻心。

诸葛亮七擒孟获，用的就是攻心，让孟获服服帖帖地归顺。

商道即人心。攻心，就是精神上、信仰上占领制高点，然后降维打击，俘获别人的内心。攻心，要有更高的格局、更高的站位、更高的思维。只有当一个人的思维有了大格局，他才能看到远方的风景，并向人描绘这风景。

胜论

这是一个比谁高维的世界，比你低维的人，都是你吸纳整合的对象。

大梦想，大愿景，这种思维极具杀伤力，能一箭穿心！

大使命=心力=千军万马

《西游记》里，唐僧不会腾云驾雾，不会十八般武艺，没有火眼金睛，甚至不懂变通，但是为什么会成为团队的领导者？因为他有坚定的信念、明确的目标、强大的心力、他选择了一条正确的路，更关键的是，他要普度众生！所以，唐僧能影响三个徒弟，把他们纳入取经战略，让他们主动归顺，主动服务于共同的目标。

心战，比拼的是心力，心力抵得上千军万马。

主宰这个世界的人，都是布道者，都是拥有大使命的人。

对于企业来说，在使命上也要"普度众生"，以天下为公，以天下为己任，立志成为一家世界级的公司，立志做一个伟大的产品，立志要拯救社会，改变世界，创造美好生活，要天下一家亲。

2. 伐谋：修炼"四极"

心战为上，上兵伐谋。上兵伐谋有四个关键：卖标准、卖流程、卖价值、卖品牌。

- 卖标准

研发、技术、专利、生产、原材料、采购、品质、服务……这一系列标准做起来，我就是这个行业的定义者，我就相当于裁判员，你怎么跟我打？打不过就加入我！

- 卖流程

标准背后是产品、价值、成本结构、盈利能力。标准最重要的是管理，管理最关键的是流程。我把公司"10-8=2"这套模型闭环，成本、毛利率、现金流回报……都算得清清楚楚，实际上对外输出的是我的盈利能力、管理能力。

- 卖价值

我的这个模式，可以让成本变得极低，效率变得极高，风险变得更小，所以我卖的是这套价值的闭环。

- 卖品牌

我的品牌，也能给你带来更大的价值。

> **商战兵法：四极思维**
>
> 标准极高——做到自己能力的极限，做到别人做不到的高度。
>
> 动作极简——取一舍九。
>
> 速度极快——闪电战。
>
> 成果极大——用最小代价，获得最大成果。

修炼一：标准极高

为什么世界上的知名大公司，都如此痴迷标准化？两个原因：

标准化给企业带来高效率、低成本。

标准化的管理体系可以复制,可以支撑企业的扩张战略。

商战兵法:四标法

定标	对标
建标	超标

- 定标:世界级

为什么要定标世界级?因为做大事和做小事的难易程度是一样的,流程是一样的。选址、招聘、培训、装修、采购、生产,没有一个环节可以省,都会消耗巨大的时间精力,但定标不同,结果千差万别。事实上,当我们把企业定标为世界第一,**还可以收获更大的价值:**

做大事,竞争更少——越是简单容易的事,想做、会做的人越多,竞争越激烈。选择做大事和难事,竞争反而没那么激烈。

做大事,成功率更高——取乎其上,得乎其中;取乎其中,得乎其下。企业定标世界级,即使成不了世界级,至少也能成为高手。

万米雄鹰
千米大雁
百米麻雀
十米苍蝇

- 对标:世界第一

既然企业要成为世界第一,那么企业的战略对标对象只有一个:世界上数一数二的领先企业,学习一流的标杆思维、标杆模式、标杆认知和标杆逻辑。做汉堡，就对标麦当劳；做咖啡，就对标星巴克。

- 建标：缺啥补啥

找到了自己与世界级企业的差距，接下来，就要对照世界级标杆企业的标准，疯狂地向它学习。以成就用户为中心，升级企业"人、财、物、供、产、销、研、服"等各环节的标准。

- 超标：成为第一

持续学习，每日精进，日拱一卒，不断迭代，最终超越标杆，成为第一。

任何企业，定标、对标、仿标、超标这一过程，就是成为第一的过程。实质上，企业家就是要把自己学到的东西，转化为成果，成为第一，然后输出你的标准和流程。

建标准？只有主帅亲自出马！

标准是谁来建的？是财务部？人力资源部？还是生产部？都不是！你让他们去建标准，最后什么都做不成，他们都是站在局部的角度，而且标准极低。

建标准，一定是老板躬身入局，他要有全局思维、整体思维。

为什么别人做不了？因为标准的背后是战略。我们想成为世界级的公司，那就要世界级的标准；如果只做云南的公司，那就是云南的标准。

真正的标准要一步到位。组织里面的最高标准来自一号位，副总也不行。

组织里有分工，有分工就会有壁垒。如果生产副总对营销副总指手画脚，那么营销副总会不屑地说，那你来卖！如果营销副总对生产副总提出各种要求，那生产副总也会立刻怼回去：你说得对，那你来做！所以，只有老板可以打通关。

我在行动教育也好，在风驰传媒也好，最后都是自己躬身入局，带着团队把整个标准建起来，而且趁此机会进行流程再造，把链条拉直。

老板亲自建标准的优势：

- 老板就是"板砖"，能敲开各部门之间的壁垒。
- 老板就是"天花板"，只有他有这个高度。
- 老板就是"样板"，他躬身入局，完成流程再造。

分别建标准 逐个击破

建标准是基于战略，先确定公司战略，然后对人、财、物、销分别建标准。

- 人——选人、育人、用人、裁人、奖惩标准

人才标准和战略标准、产品标准、用户标准是有关联的。所以选人、育人的标准，要满足德、才、岗之间的匹配度；用人、裁人的标准，要有上有下、奖罚明确。

- 财——预算标准、成本管理标准

财也和战略有关，包括做预算，做成本管理，你选择了什么样的战略，决定了你的成本、开销。

- 物——研发标准、生产标准、原材料标准、采购标准、流程标准、品质标准

建标准的同时，要把a-b-c-d的流程建起来。

- 销——服务标准

在营销端、服务端，一定要以用户为中心建标准。

销售前——广告、认知、品牌

销售中——服务

销售后——复购和转介绍

销售前、中、后三个阶段全部建标准、建流程，最后考试通关，不准投机取巧，不准跳，不准绕。因为人性都是急功近利的，他觉得跳过是快，实则是慢，他以为这个动作是多余的，但是我们研究以后认为这个动作是一定要的。

标准不是一天建成的

建标准是团队集体决策的过程，所以新员工也要参与。要让新员工说出他的流程，我们要分析，新员工身上哪些动作体现了人性，但是并不科学，最后要让新员工明白，标杆员工科学的动作是什么。

> **商战兵法：建标准的团队配置**
> - 总裁、副总裁
> - 副总、子公司总经理
> - 标杆员工代表、老员工代表、新员工代表
> - 行业标杆专家

这是一个相当大的工程，需要跨部门、跨级别。所以，建立标准这件事，千万不能抱有幻想，指望某个副总帮你全部搞定，也不是一天就能搞完的，甚至要一年做一件事，每个模块的标准，也不是全部同时做，要分批、分重点做。

比如说，你是做服务业的，当然是要先切后面那一段——用户的接触点管理，因为这一段关系到"粮食系统"；接着再反推研发、生产、采购；然后财务体系、人力资源。甚至还要再往外延，你的整个组织链条都要建标准，最后把它闭环。你整个这套模式闭环以后，只要卖模式，就能不战而胜。

修炼二：动作极简 取一舍九

在这个世界上，很多人都是花拳绣腿。在企业当中，业务多和散，造成成本高、效率低、利润少，甚至亏损倒闭的比比皆是。这就是来源于人性的贪婪和恐惧：

- "贪"：抵制不了诱惑，什么机会都想要，什么都不想放弃，什么钱都想赚。
- "怕"：害怕失去，害怕一条路走到黑，做事追求中庸。

中国民营企业的"新陈代谢"非常快。根据吴晓波频道的《企业生命力：中国中小企业十年洞察》报告显示，过去十年新成立的企业当中，平均每年只有92%的企业能够活过第一年；2014—2023年间成立的公司中，能活过第三年的企业只有76%，且只有一半能活到10岁。

这些企业为什么"阵亡"？往往死在80%不重要的事情上。

战争的逻辑是："任你十路来，我只一路去！"商战也是一样。任它弱水三千，我只取一瓢！

> **商战兵法：取舍的三重境界**
>
> 第一重境界：取九不舍一，低效
>
> 第二重境界：先舍九再取一，中效
>
> 第三重境界：先取一再舍九，高效

战略的最高境界是取一舍九，战术的最高境界是力出一孔。企业家首先要选择做（取）什么，不做（舍）什么。聚焦主业，哪怕只提升1%，也愿意多投入100%的精力和代价；如果和主业无关，就是白送我的资源，倒贴给我，我都不要。

修炼三：速度极快 闪电战

兵贵神速，闪电战不是纳粹的专利。三国时期，司马懿听说孟达谋反，8天行军1200里，在对方毫无防备的情况下

杀到城下，斩杀孟达；汉武帝时代，汉、匈的河西之战，霍去病一万轻骑千里奔袭，神兵突降，匈奴王室遭到沉重打击……

当然，商战不是盲目追求速度，而是要通过规划，把握节奏。今天我们讲闪电战，就是抓住关键节点，大兵压境，快速推进：

关键节点、关键环节

投入重兵

单点突破

↓↓↓
A

常规事务

分头部署

同时推进

↓ ↓ ↓ ↓
B C D E

你要发力和时间赛跑，破釜沉舟，背水一战。

修炼四：成果极大

标准极高、动作极简、速度极快，三个"极"奠定了胜局。然而，你走到这一步，大家会不会"近悦远来"？还是不会。因为还没有足够说服力，你还缺少一样东西。

品牌！高势能、世界级的品牌！

这个世界，是看品牌下菜碟的世界，未来的世界，是连锁的世界。

不管是消费者，还是你的对手，你的合作伙伴，你的供应商，他只能通过品牌来判断你的实力和你实力背后的能力，也只能通过品牌做出选择。

品牌这场仗，非打不可！品牌是一场攻坚战、持久战，一方面是为你自己建立竞争力，另一方面是为了你的千秋万世。

品牌仗打什么？

知名度（深挖洞）——深挖用户的信任

美誉度、忠诚度（广积粮）——积累用户的体验，收获用户认可，实现价值沉淀，推动重复购买

品牌战怎么打？

内部标准闭环——产品流程——运营人、财、物

外部市场闭环——用户感知、用户体验、用户复购率、转介绍

任何一家企业，要么把品牌树起来，成为百年企业，要么就是一个无名小卒，"品"都算不上，更别说"牌"，最后大浪淘沙，被用户抛弃。

品牌背后，是品德和品质。急功近利，没有考虑用户的根本利益，是品德的问题；标准低，没有做出好的产品，是品质问题。

总结来看，《孙子兵法》的"伐谋"应用于商战，就是

我用你的时、你的钱、你的人、你的投入，给你带来质的提升。你做投资，我教你经营，我们分工有序，各管一段。

不战而胜的思维，是东方管理思想的精髓，是成本最小、成效最大的动作。在战国时期，有人以三寸不烂之舌合纵连横，用的就是这种共赢思维，多赢思维。

3. 伐交：资本开路 收购兼并

能做到不战而屈人之兵，是因为你手上有三把利剑。

第一把利剑：标准、流程、管理

第二把利剑：品牌

第三把利剑：资本

那么，资本这把利剑，用来干什么呢？

出标准、出管理、出品牌，都是不花钱的，如果要花钱，钱花在哪里？花在买下对方！收购股权，就是"伐交"。

收购股权，就是A公司通过购买B公司的股份，成为B公司的大股东，控制了B公司，两家公司利润就会合并。

比如，在收购之前：

A公司：10（收入）-8（成本）=2（利润）

B公司：10（收入）-9（成本）=1（利润）

两家合并报表之后，就会出现：

20（收入）-17（成本）=3（利润）

不仅是报表的合并，对方的资源、对方的时间、对方的团队都过来了。

所以请注意,这个时候"伐交"背后的动机是什么?

"伐交"的真正目的:

- 收购对方人才
- 收购对方资源
- 收购对方专利
- 收购对方时间

还有一个更直接的可能性,消灭对手!收购之后,对手被合并掉了。对方干了近20年,被你一个动作就拿下了。

如果通过产品打不赢对手,那就通过资本竞争,利用资本杠杆做武器,速度会更快,打击会更彻底,杀伤力能达到最大。

案例

我极度害怕的对手 被我纳入麾下

1991年,我开始做广告公司。当时还有一个大的广告公司,叫恒通,西部排名第二。这家公司的创始人,是一对美国留学归来的夫妻,据说,他们从美国回来,包了一个车皮。车皮里面全都是书,都是美国经典的广告创意、海报、照片。听闻此情形,我心中满是羡慕。这家公司的文化调性很强,专业极强。他们的广告作品非常有感染力,非常抓眼球。

胜论

很多时候，我们都会狭路相逢，两军对垒。大客户会让我们两家去投标，分别展示。他们的创意有差异化，同时，价位还低！几次交锋之后，我们进退两难，如果降价，那是浪费时间和资源。如果不降价，他们的定价给我们很大压力。

我们对他又羡慕、又害怕。对他们的图书馆更是垂涎三尺，90年代，人家公司里就有图书馆！而且都是国外的原版书！有一次，我遇到他们的副总，我说，能带我去你们公司瞧瞧吗？他果断拒绝了我！他说，你是我们同行啊。同行是冤家！

然而，冤家能不能变亲家呢？

冤家变亲家 我"垂涎三尺"的"女神"到手了！

1997年的一天，我们在一起开一个行业会议，会后，他的创始人突然抛了一句话给我："我们两家合作吧。"合作？我还真没想过，那怎么合作呢？他说，他在美国就知道，行业之间可以资本买卖。就是我把股权卖给你，我们就是一家了，就不用打了。

我马上就理解了，如果他把股权卖给我，这个公司就过来了，他们的图书馆就过来了，我们就是一家了，广告创意这一块的短板就被弥补了！

我说，你把股权卖给我，你要干什么呢？他说他要去卖酒，他对酒有热爱，所以要改行了。最后，我们就把他们收了，新公司取名为风驰恒通。

所以，在得到我垂涎三尺的"女神"的过程中，我们也是不战，也是利用了杠杆，实现了价值最大化。

1997年，我又看上一家企业——美联广告公司。他们凭关系和资源，拿到了云南省内30座单立柱广告牌的经营权，而且已经在关键要害上建了4座。真的震住我们了！我们一直申请不到，他们却已经做出来了，这给了我们当头一棒。更重要的是，4座广告牌出来以后，后面还有26座！我们的广告牌在地面，他们的广告牌是立柱，他的位置，他的稀缺性，他的价值，都形成碾压级的优势，我们怎么和他打？

极度恐惧！极度害怕！寝食难安！

有一天，我突然想起来，应该和他们见一面，谈谈有没有合作的可能。对方答应了。去了以后，谈到最后，他们说要不然我把这个批文卖给你？这当然是我想要的结果。但是，批文没法买卖啊！那就卖公司！工商局注册变更，最后老板变成李践了。

上兵伐谋 实现收购价值最大化

当时，一般的资本收购逻辑，是公司的利润乘以10~20倍。比如，如果公司利润是1000万元，那么总价值就是1~2亿元。全收购的话，乘以51%，获得控股权。

但是，这种收购逻辑会出现一个弊端，就是被收购方在财务上作假。本来公司利润只有1000万元，但是他们想方设

法地做成2000万元，其实是推高库存和应收账款，做了假账，让人防不胜防。公司买过来之后，过一段时间后，接手的人才会发现。那么以前做出来的假利润，要做坏账处理。

2003年我出任TOM户外传媒集团总裁，在收购的时候，为了避免出现上面的问题，我改进了规则，把攻心为上、上兵伐谋、其次伐交三个动作，全都使上了。

如果找到标的物，对方也乐意卖，那么，为了防止利润作假，双方应怎么做？

成立新公司。我51%的股权，你49%的股权。注册资本金100万元，你做总经理，我做董事长。请注意，你49%是用你的资源，不是现金入股，因为广告牌是资源。我51%是现金。也就是说，我出51万元，你把你的资源装进来。那么，公司的运营资金不够怎么办呢？我提供股东贷款。

接下来，我会输出我的品牌，我的大客户，我的标准、流程、管理。同时，让你开发新客户。因为我的品牌，你开发新客户的议价能力提高了。这时，这个公司原来只卖100万元，但是我通过这些整合，现在可以卖160万元。

然后，我会非常清晰地算出来，这家公司原来有可能是10-8=2。通过一年的发展，我们希望变成15-11=4。这个高出去的溢价，来自品牌，我原来的大客户，他新开发的大客户。现在我再来收购你。

但是你仔细看我的账，我没有直接花钱买，是通过51万元换来的，对吗？而且这个公司我清清楚楚地知道来龙去脉，就不会作假了。因为新公司财务总监是我派的，这套流程是我们标准化的。所以最后4乘以15倍，你同样可以得到你想得到的。但是，我的成本低了，风险下降了，里面的水分被我挤干了。原来是2乘以15倍，2000万元乘以15倍是3个亿。现在我们要走一年，甚至一年不够，再做第二年，这是股权收购的一套方法论。

我接手TOM户外传媒集团后，在一些主要城市的收购战全部改成了这种打法，这个打法对我们来说使价值最大化了，也保证了对方的价值最大化，对方得到了我们的这套品牌和管理的输出。

39年过去了，回过头去看我曾经从事的广告业，那个时候，处于广告业的"春秋战国"时期，几百家广告公司"群雄割据"，但现在这些公司都没了。

第四篇

形篇——先胜

先胜关键词

"昔之善战者,先为不可胜,以待敌之可胜。"
"古之所谓善战者,胜于易胜者也。故善战者之胜也,无智名,无勇功……"

——《孙子兵法·形篇》

先胜之义：遥遥领先

先胜，是善战者的专利。就是自己先立于不败之地，然后等待敌人犯错，一举歼敌。

孙子的最高境界是立于不败，而不是战。如何让自己先立于不败之地？

有钱，有人，有势（站在一个很高维的势上），比对手强大得多，在高高的山顶上等待时机，敌人一旦失误，你马上抓住机会，一战而胜。实际上先胜，不是你打的，是他自己先土崩瓦解了，这样胜得不费吹灰之力。

先胜之计：人、财、物、销

1. 赚钱容易 以石击卵

"故胜兵若以镒称铢，败兵若以铢称镒。"镒和铢，一个非常重，一个非常轻，镒的重量是铢的576倍！用576倍的胜算，以压倒性的优势去打对方。以大欺小，以强欺弱，谁不会呢？所以，善战的人，好像还没显示出是战争天才，就已经打赢了。

很多人喜欢长坂坡军中杀个三进三出的赵子龙，喜欢"力拔山兮气盖世"的楚霸王项羽，很多人眼中那些英雄的奇功战绩，就是杀人如麻、浮尸千里，所谓名将的力挽狂澜，背后是"一将功成万骨枯"。然而，孙子把将军形容成

胜论

没有智、没有勇，这其实才是大智、大勇。一个好的将军，就是顺其自然地成功。

对企业来说也是如此。李嘉诚说过：赚钱容易。我再加一句，不赚很难！

企业家们肯定会说，赚钱怎么会容易呢？现在赚钱太难了！

你为什么赚不到钱？实质是你走错路了，用错力了，违反规律陷入误区了。真正的大道至简，就是从a点到b点那么自然。

仔细想想，你一生中真赚到钱的时候，是不是很简单？

很多人爱折腾，貌似很辛苦、很努力，折腾自己、折腾别人。反复折腾下来，平台丢了，资源丢了，人丢了，积累丢了。

不败的方法很简单，就是积累，积累，再积累！

先胜=积累，等待实力对比发生变化。

2. 算"账"=算"仗"

战争是一个系统工程，决定战争胜负的，根本就不是短兵相接的那个过程。

《孙子兵法》通篇都在算账，"一曰度，二曰量，三曰数，四曰称，五曰胜"，只有先"庙算"，先在家里算赢，出去才有可能打赢。你通过对对方人口和国土面积的度量，就能知道他的粮草有多少，兵马有多少，钱有多少。然后再摸摸自己的家底，比较一下自己有几分胜率。

先胜四要素：人、财、物、销。

- "打"人

先算你的兵力有多少：前端多少人，中台多少人，后台多少人。要有常规兵力，也得有顶级高手。再算一下将领有多少：如果是学校，那就是"打"老师，看你有多少特级教师。如果是医院，那就是"打"医生，看你有多少名医，多少治病的高手。

- "打"财

算算你的"钱粮"有多少。你的现金盈利能力，一年赚多少钱，一个月赚多少钱，现金流如何。

- "打"物

研发水平、差异化竞争力、护城河优势有没有。有"核"武器吗？有绝活吗？客户为什么买它？为什么愿意粉它？

- "打"销

品牌和渠道。品牌的知名度、忠诚度，可以算；渠道也容易算，有多少门店，多少子公司，多少经销商。总收入多少，全都可以算出来。

不管是制造型企业，还是服务型企业，人、财、物、销都是"先胜"必备的要素。这四大要素后面的关键词是：品牌、渠道、竞争力、盈利能力、现金流、人才结构。算过之后，发现你什么都没有，那还打什么仗啊？

胜论

那就痛定思痛,赶快行动,先把"内政"搞好,把自己做强。

先胜之法:蓝图 地图 施工图 时间图

有四样东西,不管你现在有没有,未来一定要有:

- 品牌的投入(对品牌的专注和定位)
- 竞争优势(独一无二的价值)
- 团队的建设
- 商业模式的闭环高效

怎么做呢?孙子还有一句名言:"善用兵者,修道而保法,故能为胜败之政。"

核心是四个字:算、路、人、网。

- 算——蓝图:首先要算胜,把握趋势,确定方向,清楚你想要的结果。
- 路——地图:必须有一套完整的行军图。
- 人——施工图:你得依赖员工,依赖将领,调动千军万马,形成势能和气场。
- 网——时间图:管理、检查追踪,从最小单元做起,把每一天做好。

1. 算——找到第一 一骑绝尘

算,就是一号位仰望星空。一号位必须有直升机思维,以万仞之上的战略高度观时、取势,从全球趋势、中国趋势,到宏观、中观、微观。

蓝图分三个阶段:10年、5年、1年。

> **商战兵法:三个阶段的蓝图**
>
> 未来10年做什么?——找到第一,绝对领先。
>
> 未来5年该怎么做?——数字化、资本化、研发、品牌。
>
> 未来1年抓什么?——收入增长率、利润增长率、现金增长率、用户复购率、人才净增长率……

- 未来十年:遥遥领先的第一

未来十年,你什么事情能够成为第一?现在必须回答这个问题!

今天你有什么是第一?未来10年后,你这个第一能不能一马当先?比如,行动教育的口号是在未来10年,做绝对领先的创新商学院。无论你是卖米线还是修脚,这些都不是重点,关键是要成为专业领域的第一,小王也是王。

如果你还没有成为第一,那你现在的第一要务就是把这个第一给找到!不管是一个产品,还是一个业务,哪怕是一个针尖大的点,都要从这一个点上切入进来,以单点破局。你要知道,你现在的成功是来自这个一,未来的成功也是来自这个一!

- 未来五年:企业要做四件事

第一，科技数字化

第二，资本化

第三，研发

第四，品牌

- 未来一年：四个指标 千斤重担万人挑

一年，就是每一年都要设立目标，做预算管理，一切计划、时间节点、动作都提前规划，先胜后战。每一年都要完成积累。

下一年的四个关键指标：

- 收入增长率
- 利润增长率
- 用户复购率
- 人才净增长率

在行动教育，我们是在前一年的10月启动第二年目标计划的。比如，收入增长率和利润增长率，下一年要增长多少？如果是从10-8=2到15-12=3，也就是收入增长50%，利润增长50%。

首先，人、财、物、销要达成共识。增长多少不是老板拍脑袋决定的，要听取意见，要讨论，要共创，要实事求是。

其次，定好目标之后，从上到下，从右到左。按照业务、市场、用户这个顺序，任务全部分解，全员动员。

最后，千斤重担万人挑，人人头上有指标。一个萝卜一个坑，每个人守住自己的战壕，该进攻就进攻，该突击就突击。

用户复购率、人才净增长率，也是这个逻辑，是以利润增长目标为参照，设定相应的目标。所以，大方向是利润第一，然后牢牢抓住几个关键指标，滚动操作。

2. 路——磨尖你的刀！一条路血战到底！

路，就是企业成为第一的发展路径。

无论是东方还是西方，企业的发展一般有三条曲线：

第一条曲线：主营业务（昨天）

第二条曲线：新业务（今天）

第三条曲线：未来业务（明天）

但是告诉大家，坑就在这个地方！

绝对领先的实质是极度聚焦。所有顶级公司都聚焦主营业务，聚焦拳头产品。所有顶级公司都有自己的尖刀。

然而，大多数企业家的失误，就是第一条曲线遇到障碍，很快转战第二条曲线，甚至第三条、第四条、第五条、第六条曲线。战线1000米，战壕1米都不到！你连第一条曲线都攻克不了，还怎么进军第二条曲线？第一条曲线60分，第二条曲线也就20分。钱去哪了？被其他曲线吃掉了！太散了，太乱了，我们把"一"给丢了，没有建立起强大的体系，没有了竞争力。

人性都是趋利避害的，什么叫利？因为二和三看到了可能性，看到别人做起来了。什么叫害？因为第一条曲线遇到难点、卡点了。所以从老板到整个团队，都认为要走第二条曲线。

一定要让团队丢掉幻想，丢掉诱惑，丢掉退路。不做别的，只做第一！

> **商战兵法：减法法则**
> - 断——稍微有一点竞争优势的业务，尽快卖掉。
> - 舍——无法卖掉的业务，马上关闭。
> - 离——有竞争力的业务，授权，开一家新公司独立运营，自负盈亏。

三加一减：

组织做减法，流程做减法，业务做减法，标准做加法。

三个第一：

- 成为第一：通过第一做"四化建设"。
- 围绕第一：人、财、物、销的资源全部聚焦。
- 死守第一：苦练基本功，不断升级。

3. 人——四轮驱动"增长战车" 力出一孔

方向明确，业务聚焦，体现在执行上，就要做到三军统一指挥，力出一孔。

人、财、物、销四轮驱动这辆战车，全军上下都要围绕增长，围绕利润行动。行动教育有38个增长中心，包括公司、子公司或事业部，能够确认收入，面对用户、面对市场"打粮食"。还有近800个增长单元，也就是800个增长目标，我对总增长负全责，每个轮子各司其职，每个轮子下面又是不同的单元，不同的人，不同的事。

从总裁往下，每条专业线的管理者都需要层层搭班子。

孙子说，"凡治众如治寡，分数是也"。

在行动教育，公司规定每个部门经理至少要管理6名员工。部门经理需要从这6人中选出3名教官，组成师父团队。每位师父分别带教1名新员工，这样，管理团队就简单多了。如果这个部门增加到10人，部门经理一个人肯定管不过来。

战斗序列的组成，是一层一层往下推的，就像军队一样，从师长、旅长、团长、营长、连长、排长到班长，一层抓一层。

```
总裁
 ↓
四大天王
 ↓
八大金刚
 ↓
……
```

- 针对营销线——利润增长第一

把大客户作为关键指标，直接落地。

- 针对生产环节——复购率

第一次购买和第二次购买间隔多久，有多少人复购。

没有复购率，说明没有做好产品。行动教育的研发中心，就是通过复购率考核的。

- 针对财务部门——利润率、现金流、成本率

除了利润的绝对值，背后还有效率的问题。

- 针对人力资源部门——净增长人数

流水不腐，户枢不蠹。水必须流动起来，有进有出，而且进口要大于出口，队伍要越来越壮大才行。除去淘汰的、触电的（行动教育设有"电网"，很多人会被电网电到而离职）、流失的，我们考核的是员工的净增长人数。

4. 网——把握战斗节点 掌控每个动作

战机的把握，战况的考核，战果的巩固，我们叫作时间分解和目标分解。

比如，把下一年的计划做分解，逻辑是这样的：

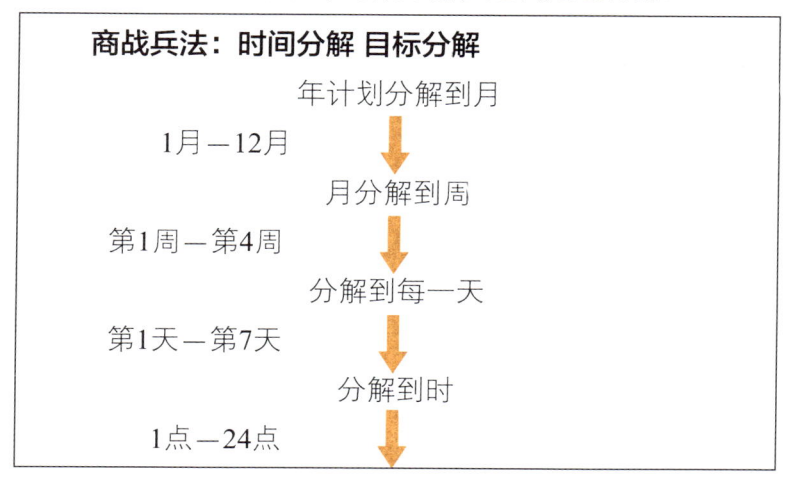

商战兵法：时间分解 目标分解

	年计划分解到月
1月—12月	↓
	月分解到周
第1周—第4周	↓
	分解到每一天
第1天—第7天	↓
	分解到时
1点—24点	↓

最后，整个公司的管理核心是以天为单位的：

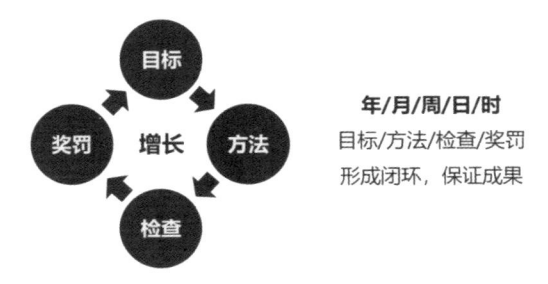

年/月/周/日/时
目标/方法/检查/奖罚
形成闭环，保证成果

工作轴、时间轴建立起来之后，就是对全军上下的每个动作进行管理。

> **商战兵法：三"每"三"对照"**
> 三每：每人、每天、每件事。
> 三对照：早上晨会对照目标，中间对照过程，晚上对照结果。

天下大事，必作于细。"细"来自最小单元，最小颗粒，每人每天每件事；来自领导人的追踪检查，坚定不移地执行。行动教育有行动日志，线上有钉钉，从上到下，从目标、过程、结果，到复盘、总结、升级。

- 晨会和夕会

每天，每个部门，每个员工，必须开晨会和夕会。

- 每周一领导干部绩效会议

逐级管理，形成责任链。

- 项目专题会议

如果是特殊项目，每周都有专题会议，由我亲自来抓。

- 每月财报分析会

13张报表：产品损益表、客户损益表、员工损益表、成本分析表、资产负债表、现金流量表……通过每月财报分析会，可以看到我们的产品、客户、收入、成本，以及我们的团队、员工、效率、周转。

最后一个动作，奖罚分明。当官的利润导向，当兵的业绩导向，业绩做到了就奖励。要让所有人看到英雄、标兵。我们要向业绩英雄和业绩标兵致敬，资源向他们倾斜。

于是，上下齐心，形成闭环，循环往复。

管理的本质，就是先通过全员一杆枪，将所有资源集中，然后算到每个部门、每人、每天、每件事，最后形成每个人的工作施工图，所有人按照施工图管理追踪。

积累是怎么来的？实质就是这个基本功！日复一日地跟自己"死磕"！

案例

胜于先胜 十年磨一剑

元朝末年，群雄乱斗，许多势力纷纷称帝称王。然而，朱元璋旗下谋士提出了九个字的建议："高筑墙、广积粮、缓称王。"于是，朱元璋以南京为基地，控制长江咽喉，着手恢复农业生产，兴修水利，大力发展民生，安定社会秩序。同时，强忍诱惑，坚持不称王。粮食富足、人心稳定，一个稳固的大后方建立了起来，为他统一全国奠定了基础。

2013年的行动教育，也面临着群雄乱斗，可以说是四分五裂，鸡飞狗跳。

在那一年的公司年会上，我作为董事长，代表行动教育发布最新的战略报告。我站上台向大家宣布，我们要成为一家世界级的商学院的时候，我是流着眼泪的，真的。

哭着做第一

讲个细节，让时间倒回去20分钟，也就是我还有20分钟上场的那一刻，突然有一个人，飞快地跑进会场，用全力撞向我，我摔在了地上，头重重地撞到讲台上……很多事情是出乎意料的。当我挣扎着坐起来时，我发现头很晕，喝了一口水后，腹中一下翻腾起来，想要呕吐，以我多年习武的经验来看，这是脑震荡！

所以，这个时候你上不上台？到底上还是不上？我决定上！那么，会议继续进行，但是，我上去之后，痛哭流涕，边哭边说，我们要做商学院的创新，我们要成为第一！

四大"战区"四场战役

怎么做实效商学院？我要求在公司内部的四个关键"战区"，打好四场战役：

四大战区　四场战役

成立IT共享中心　上市　提升核心竞争力　建立品牌中心

第一,成立IT共享中心,我任组长。2013年,我个人从未接触过互联网,公司没有IT共享中心,没有这样的大将,我们重新招兵买马,从用友招来一个世界级的人才。然后设备、财务软件、营销软件、客户关系软件,包括今天的EHR、电子化人力资源管理……我们一共有20多个软件系统,平均每年投入大概200万元。200万元的投入并不算多,但它是积累,它能够降本增效、重塑管理。通过数据化精准决策,能让我们的动作更简单。

第二,我们要上市!我宣布,从今天起,我们要组建上市工作组,也是我任组长!虽然行动教育那时候是亏损的,但还是坚定不移地要上市。对!就是亏损还要去上市。我们就是要让自己去面对挑战,逼着自己去实现增长。不增长怎么上市?这就是人性。

按照财务规范、法律规定,以及上市的关键条件,以终为始,处处向上市看齐。所以,自2013年起,我们就做起了合规,一开始就知道什么该做,什么不该做。2015年,"新三板"推出,我们立刻抢占先机,成为第一批"新三板"挂牌上市公司。2017年,我们税后利润超过8000万元,达到主板上市标准之后,第一时间递交了上市材料。在这个过程中,每一个年度都没有浪费时间,每一件事都是刚刚好,非常有戏剧性的是,如果我们把上市动作往后推一年,哪怕推一个月,公司就不可能挂牌A股了,因为"双减"来了,行动教育是4月21日挂牌的,双减是5月10日实施的。

第三，提升核心竞争力。我们要打造制片厂模式。我们知道，行动教育一直依赖老师，但是，最后绝不能依赖老师，我们是以内容为王，不是以老师为王！客户不是来听老师讲的，他是来学习工具和方法的，我们要在这个地方发力研发，研发中心也由我任组长。

第四，我们要建立品牌中心，品牌建设要伴随着企业的全生命周期。

从十年前的"四大皆无"到今天，这四大部门都是行动教育的核心部门，我还是坚持每周和这四个中心的负责人开专题会议，进行目标检查、追踪管理，我还是这四个部门的组长。积累，是从那个时候开始的，真的做到了十年磨一剑。行动教育能有今天，是胜于先胜，胜在积累上了。

第五篇

势篇——奇胜

奇胜关键词

"凡战者，以正合，以奇胜。"
"激水之疾，至于漂石者，势也。"
"故善战人之势，如转圆石于千仞之山者，势也。"
"故善战者，求之于势……"

——《孙子兵法·势篇》

奇胜之义：出其不意 独门绝技

孙子兵法有两大辩证战略思维：正和奇。

正，常规动作，表面动作；奇，变化，出其不意，完全没想到的独门绝技。

奇和正相辅相成，相生相伴。正面战场根基要稳，侧翼冲击下刀要准，奇正结合，就像太阳和月亮的循环，周而复始。

对企业来说，守正，就是公司的主营业务、核心业务、收入和利润的主要来源。出奇，就是创新。

奇胜之计："守正出奇"三大误区

1. 创新，向左走？向右走？

创新是什么？很多老板理解为推出新产品，增加新投资，把创新等同于A到B到C，好像就是要多、要广，机会就多。创新没错，但子弹打偏了。

何为创新？

A——B——C ×

A+1，A+2，A+3 √

创新是聚焦主业，持续迭代。

左向，就是守正；右向，就是出奇，是在左向持续更新，持续增加价值。

就像苹果手机，从iPhone1到iPhone16，每个新机的推出，不是创造出另一个新品类，而是在原有的基础上迭代，迭代，再迭代。

2. 奇胜，分兵还是合兵？

有分析《孙子兵法》的人说，孙子所说的奇，就是要出奇兵，分出一路兵，另辟蹊径。我觉得不是这个道理，以孙子的谨慎，他一直强调以多胜少，强调大概率，他不太可能出此险招。

对企业来说，"奇"也不是分兵，而是更加聚焦！今天的商战，"奇胜"有两种胜法：

第一胜：奇迹主义

奇，是奇迹。一个企业能够创造奇迹，你就赢了！

有员工和我说，他要创业，让公司大力支持。那我问你，你能够给我创造奇迹吗？你怎么给我创造奇迹？创造什么奇迹？如果能，我就支持你！

这个世界上的芸芸众生，一般人的思维都是极平凡的。而奇迹，是极难想到的事，更是极难做到的事。

奇迹是大差距、大价值。差距是要做到变态！

海底捞的服务有点变态，变态到宠坏你，变态到超出常理，惊掉客户的下巴。

洪兵教授说，他来为我们校长EMBA讲《孙子兵法》的时候，一下飞机，就感受到了我们服务上的"奇"：豪华七座车，西装笔挺的帅小伙接机，一进入酒店，桌上摆着七八种饮料……

我和你是同行，为什么用户会选择我，实质上我是通过差距把你推开的，不是差异。差异根本没有意义，我们大多数的差异都是自我定义的，客户肉眼根本看不见。

第二胜：十倍火力

差距不是偶然的，它一定是精心设计的，重兵押注，兵力10倍，火力10倍，强大的投入。

纵观今天的战局，任何一家企业能在用户心目中占据一席之地，都是因为它们把公司所有的资源，聚焦于一个点、一个字：淘宝等于"多"，京东等于"快"，天猫等于"好"，拼多多等于"省"，一个字才真正具有穿透力，真正凸显超预期的核心价值，成为独一无二的符号标签。用户没时间来了解你，你要简单直接。

世界上有多、快、好、省的事情吗？多、快、好、省本质上是对立的。省走的是成本领先战略，资源配置上需要做减法；而多、快、好都打的是价值这张牌，需要在资源配置上做加法。

3. 先有奇，还是先有正？

这个问题我可以坦诚地告诉你，如果你找不到奇，就不会有正。

奇是第一粒种子，不然没有这个公司。就拿行动教育来说，没有奇，就不会有正。行动教育的奇是实效，没有实效，哪有饭吃？这是立命之本。海底捞的奇来自哪里？服务。特斯拉的奇来自哪里？智能。

那么，这个奇是自己有什么做什么，还是你想要成为什么，缺什么补什么？

一切基于市场！一切基于用户！

企业最大的毒瘤是"盘子思维"——我先盘算自己的一亩三分地，盘算自己有几头牛、几头猪，然后想着把牛奶挤出来，把猪肉卖掉……按照现有资源定目标。这种思维是站在现在看未来，画地为牢，自我设限。

盘子思维——活在当下——看见才相信

企业家思维——未来导向——相信即看见

第一，如果是基于自身优势，以前可以，因为以前的市场需求大，机会多，你可以分到第一杯羹。但是，后面如果没有找到你的奇，就没有持续性，你的第二杯羹、第三杯羹就难了。

第二，如果只是你自己的优势，有可能会闭门造车，子弹很可能会打偏，客户不买账。你是自嗨！

第三，在当下环境中，企业有价值都已经不够了，只有创造独一无二的价值，才能不被同质化杀死，不被价格战卷死，不被商海淹死！

要先想到奇，先把目标找到、高度找到，然后再招兵买马、厉兵秣马！

奇胜之法：痛点 区隔点 制高点

1."拍案惊奇"的三大绝招

奇，在武林中就是绝招。绝招意味着什么？一招制敌！

对企业来说，就是让用户惊喜，让用户拍案叫绝、拍案惊奇。

> **商战兵法：奇的三大重点**
> - 用户痛点
> - 区隔点
> - 行业制高点

痛点——攻陷用户大脑！

"这个走心了！""这个很上头！""这个后劲儿很大！"对！我们要的就是用户的这种感觉。

人脑是一座坚固的要塞，如果你想攻陷它，首先就要抓住用户的痛点。

痛点，是一个人的欲望值、迫切性。痛点是有痛，有苦，有难，有不便，摸得着，看得见的！痛点不是想象，不是感觉，不是推理。痛点不是你的专利，不是权威机构的证书，是人、货、场都齐备的事实。

怎么找到用户的真实痛点？自己做用户。老板亲自到场景里去体验、去感受、去洞察同类产品的不足，爆款产品的真实价值点，以及未被满足的价值空间。

在《孙子兵法》校长EMBA课上，我们有个同学——郑远元校长，他的公司专门治脚病——灰指甲、鸡眼，我觉得这是很好的痛点。多少人有这个痛点，你就有多少潜在客户，越是痛，越是难受，就越是你的大客户。

> **商战兵法：痛点分类**
>
> - 生存痛点：
>
>   生理需求：衣、食、住、行的某些需求得不到满足
>
>   生命安全：生命安全的担心
>
>   健康问题：病痛、死亡、残疾、食品安全、环境污染、睡眠问题等
>
>   财产安全：被盗、被骗、被抢等
>
> - 效率痛点：
>
>   时间：每天在自己认为不必要的事情上，不得不耗费大量时间
>
>   空间：距离遥远带来的不便
>
>   管理、学习、工作效率低下
>
> - 信息痛点：
>
>   信息不对称
>
>   信息不透明
>
>   信息太多，得不到过滤

- 精神痛点：
  自我价值：自我价值实现不了
  社交：孤独、社恐、家庭不和谐
  情绪：自卑、抑郁、焦虑、压力
- 财富痛点：
  财富缩水
  财富重新分配
- 价格痛点：
  产品价格超出预算，导致难以承受
  ……

区隔点——找到标杆做不到的

奇的第二个重点是区隔点，也就是标杆。我们要找到标杆，找出它的绝活。那么，发现绝活之后，是全盘复制吗？不是。我们要精准地找到它的对立面，另辟蹊径，错位竞争。

一个客户得了鸡眼，一瘸一拐地过来了，你正准备去迎接，可是他虚晃一枪，突然转弯，进了隔壁老刘家！你也许会愤愤不平：凭什么啊？因为人家号称刘一刀，有绝招。

所以你要和他做区隔，他是刘一刀，你就不能叫郑一刀，他说脚病包治好，你就要说无痛治脚。

既然要做脚，就要分析脚、区隔脚，而且要想方设法地降维攻击他，做得比他深，效果比他好。区隔点意味着什

么？我们要用最高的标准来解决这件事情，我们要找到标杆做不到的。

行业制高点——价格十倍 价值十倍

第三个重点，行业制高点。

如果让我做修脚，我一定会找到郑校长做不到的，找到他的死穴，抓住他的客户。

我们来看20/80法则：

20%客户创造80%的收入——有钱人。

80%的客户创造20%的收入——普通人。

所以，我对郑校长的打击，一定是去抢占为他创造80%收入的那20%的客户。

郑校长说，他们的平均客单价是65元，在金字塔的20%上面一点点。那么，其实我只要出一招，就能打倒他！既然20%的大客户愿意出高于65元的价格，那么，我要做出150元的客单价，甚至188元、388元、488元！高位降维打击！

用什么手段呢？我开的门店，就像医院一样——白大褂、蓝手套、激光灯、电动设备、医学精英，像欧美诊所的那种场景，而且我会告诉客户，我们是无痛治疗。无痛的问题我一定要解决，就像补牙，本来是很痛苦的，但是你知不知道，在加拿大就能告诉你无痛，所以你放心，你就闭着眼睛休息一会儿，睡着了，做个梦，起来了脚好了！

标杆已经对客户做宣传了，培育好市场了，只要我看到

标杆所在地，就是我出手的时间了，实则我就是要比他更高，降维打击，动他的高端。

> **商战兵法：商业竞争的两条路**
> - 第一条路，往上走，基于"价"，做极致的价值，锁定高端。
>
> 实现方法：在成本上做加法，一切围绕高标准配置资源，不断提高产品和服务的价值。
> - 第二条路，往下走，基于"本"，做极致的成本。
>
> 实现方法：在成本上做减法，把成本做到极致。请注意，总成本领先不等于低品质，相反，应该是极致性价比，在价格战中极具优势。

这20年来，行动教育一直在给同学们灌输，一定要锁定高端！它是极致的价值，提供100倍的价值，定价却只有10倍。高端背后就是品牌，高端不用你宣传，它已经是品牌，它已经成功了一半。

2. 取势 借势 造势 形成绝杀！

孙子强调，要获得胜利，一个要出奇，在出奇的同时，还要借势。"奇"也是利用了势。

"激水之疾，至于漂石者，势也。""故善战人之势，如转圆石于千仞之山者，势也。"

这两句话讲了两种"势"，一种势是因为水的速度特别快，冲击石头的力道竟然让大石头漂了起来；还有一种势是

在千米之巅，只要轻轻用力一碰，一颗大石头就能以雷霆万钧之势掉落下来。

可以看出，两个条件可以形成"势"：

- 速度
- 高度

真正的高手，都知道求之于势，借助一个制高点俯冲，有速度也有高度。企业一方面要"审时度势"，另一方面要"趋炎附势"，做好"取势、借势、造势"三部曲。

取势：万仞之上

从古到今，人类历史上任何形式的战争，都是在抢占制高点。

企业怎么抢占制高点？做世界级！用世界级的标准！人、财、物、销都要世界级！

- "人"势

山不在高，有仙则名。我们一定要在人上取势，以全球格局用人。

前面我们讲到郑校长，就是做脚，也要到日本去，到美国去，到法国去，找国际顶级的修脚大师，把所有和治脚有关的研发机构、教学机构、顶级医生、医院，全部都列出来，凡是世界排名第一的，都应该有所了解。我们甚至要挖地三尺，把老祖宗的药方找出来！这种对于人才的资源，我们一定要择高而立，全球采购。

- "财"势

上市就是取势。别犹豫了！要快速通过资本做大。

- "物"势

供应链要再升级，配备最好的资源。

- "销"势

我们要做全球品牌，要放眼全球市场，要打到全球各地！不管是东南亚、日本、美国，还是欧洲，只要有脚，有脚就有病，就有我们的市场！

现在65元钱的客单价，在我看来还不够，还要加到塔尖上去。

价值也要重新定义，我不会定义为修脚工，我会定义为脚病专家，世界级的脚病专家，超一流的脚病专家。所有人都要通过考试评级，把"脚病专家=郑校长""郑校长=脚病专家"这个概念深入人心。

借势：全球势 国家势

借势的三个重点：

重点1：借全球化的势——全球品牌，全球市场

重点2：借科技发展的势——全球智能，全球技术

重点3：借国家势、政策势——免税、贴补……把政策利用好

造势：人势+品牌势 势在必得！

有势借势，没势造势。我们看《三国演义》里诸葛亮借

东风,那时,谁会相信他能把东风借来?所以,他做了一个什么动作?让士兵在山上建一高台,取名七星坛。高台有严格的建筑标准:必须用东南方的红土,作三层,每一层高三尺,方圆二十四丈,下一层插二十八宿旗;第二层周围黄旗六十四面,按六十四卦……然后选了甲子吉辰,沐浴斋戒,换上道衣,光脚披发,选好方位,在香炉里点上香,在盂里注满水,才正式开始"借东风"。

我们知道,"东风"有没有,靠的是气象知识,要这么故弄玄虚吗?但是,如果诸葛亮轻描淡写地说一句,我能把东南风借来,然后有一天,东南风正好来了,你说是你借来的,谁信啊?

这就是造势。没势也要无中生有,把它营造出来。

在企业里,有两个势非造不可:品牌势和人势。

- **品牌势**

广告大师叶茂中讲过三招:第一招,上央视;第二招,请大牌明星;第三招,全球招商。这三招,没有找老叶之前我就知道!可我找到老叶,和他聊了半天,最后合同谈完,还是这三招。

- **人势**

人势是怎么来的?人多势众。孙子推崇的不是以少胜多,而是以多胜少。对于企业来说,就是门店多,营销团队多,渠道终端多。

华为有个故事可以说明一切。运营设备出了故障需要维护，如果是一个西装革履的小哥提着包来了，他一定是某国际大牌公司的技术人员；如果是两三个人背着工具来了，他应该是国内某大公司的售后；如果一下子开来几辆车，下来一堆人，那一定是华为的。客户看到这一幕就放心了：来这么多人，肯定很重视我们，很有集体战斗力！

企业的10倍级增长来自哪里？来源于兵力和火力。一家企业没有增长，是因为没有实力招兵买马、扩建军队。

明明产品很好，始终做不大的根源在哪里？就是兵力投入不足。一方面，推广弱，既没有在各种渠道发声，也不做活动、不做促销，客户根本听不到它们的声音，不知道它们的存在；另一方面，渠道少，一家企业只有几条枪，最多几十支枪，勉强能打下一个小的区域市场，但是打下省会市场甚至全国市场根本不可能。

企业营销战斗序列：

空军：广告投放、各种推广活动——地毯式轰炸

陆军：渠道、门店、地面渗透——饱和式攻击

海军：互联网、手机移动端、公域私域流量——布下天罗地网

我们考察一个管理者，手下最低配置是6个人，一旦低于6个人，管理者就会被撤职。所有的领导干部，都要用更强的人。假设你手下有7名员工，那么招进来的新员工，一进来就应该排第一，而不是最后，倒逼领导者必须精挑细选。这样一来，原本的第七名可能要出局，人才就流动

起来了。

对公司来说,人势更重要的一个方面是一技之能,是独一无二的价值。

我们所说的奇胜,就是守正创新,从用户的痛点,到标杆的区隔,到行业的精准聚焦,然后把这件事做出大差距、大价值,把一技之能做到天下第一。最后就会出现"势中有奇,奇中有势"。

> 案例

"奇胜"秘诀:和标杆反着来

三国时期,一开始完全被曹操吊打的刘备,后面突然咸鱼翻身,做到了和曹操平起平坐。为什么突然开挂?因为他改变了策略。

刘备的经验总结是:"操以急,吾以宽;操以暴,吾以仁;操以谲,吾以忠。每与操反,事乃可成耳。"意思就是,曹操向左,我就向右;曹操反对的,我就拥护;曹操用拳头示强,我就用眼泪示弱;曹操残暴,我就仁慈;只要和曹操反着来,事情就成功了。

曹操是三国时期的管理大师、组织的标杆,刘备学习了标杆之后,结合自己的情况,和标杆做出了区隔。

回到当下,行动教育的"奇"来自哪里?企业家要赚钱,要增长,要利润,所以我们的课程体系,完全基于企业的利润增长。我们的标杆是谁？哈佛商学院、中欧商学院，也包括顶级的咨询师、顶级的咨询机构。我带着公司老师和高管，到这些世界第一的商学院学习，成为他们的用户，体验他们的标准，研究他们的优势。

然而，我们不能一味地照猫画虎，标杆一定是有绝活的，我们要避其锋芒。标杆讲学历，我要讲能力，所以，行动教育绝不说学历问题，但我们强调实战，更加实际；标杆讲理论，我们讲实践；标杆讲复杂的体系，我们要大道至简；标杆里是各种教授，而我们叫教练；标杆老，有底蕴，我们要年轻，有活力；标杆讲西方管理，我们现在研习《孙子兵法》，东方哲学……我们全部是和标杆反着的。

当然，重点是要提供用户价值，而且是标杆提供不了的用户价值，标杆解决不了的用户痛点，这就是反标杆的"奇"。

第六篇

虚实篇——权胜

权胜关键词

"故善战者,致人而不致于人。"
"故形人而我无形,则我专而敌分。"
——《孙子兵法·虚实篇》

权胜之义：主动权 控制权

权，即主动权，控制权，调动权。

"致人而不致于人"，是权胜的核心。"致人"是调动别人，让别人按照你的意图来；"致于人"，是被人调动，丧失主动权。

一枚虎符，可以调动百万大军，一方帅印，是军队最高统帅的象征。信陵君窃符救赵，就能逼退秦国；中国共产党掌握了枪杆子，就能解放全中国，赢得革命的胜利。

打仗胜利的关键，不是你有多聪明、多善战，而是你有没有兵权。

权胜之计：有权才有利

权胜，才能全胜

一旦得权，要风得风，要雨得雨；一旦失权，寸步难行，甚至性命不保。从皇帝到庶人，从将军到阶下囚，不过是转瞬之间。孙子非常明白其中的道理。有人问，孙子那么厉害，为什么后来销声匿迹了？因为他也失了权，即使一代兵圣，也只能激流勇退。

主动权即生命权。用这个逻辑来思考，在我们的管理中，你有大权在握吗？公司是由你控制的吗？是你说了算吗？

在企业经营管理中,权是权力,也是权利。有权就有势力,有权就有利益。

不是说我们想要权,迷恋权力,而是你要成功,要做大事,都必须有权。

权胜之法:抢责 集权 躬身入局

作为企业,为什么会陷入"致于人"?有以下几个原因:

- 权不配位
- 等、靠、要
- 没有行使自己的主动权
- 没有躬身入局

1. 责、权、利 我教你一招绝杀!

"我不想做""我不喜欢""我不知道""我不会""不要找我最好""我不想管了"……人性都是想避责的。

但是,当你的心态出现避责和推责,你就失去了权。你越避责,就越被边缘化。在这个世界上,离开任何人,地球都会转,太阳照样从东方升起,而被废掉的是你自己。

没有责,哪有权?这就是重点。你推责,就是推权。你没有权,就没有"利"和"力"。

权→责→利（力）

欲戴王冠，必承其重！大权在握，就必须大责在身。

你越想要权，你就越要懂得责，你要去抢责，就当是抢权。这是我教你的绝杀！

2. 权胜的三把刀

权胜有两个范畴：

内部——三权合一：抓牢控制权、决策权、管理权

外部——舍九取一：找到关键要害

控制权——股权就是政权

股权是法律赋予的控制权。工商局注册登记，谁是大股东，谁的股份占比最高，控制权就在谁手上，如果持股比例占到51%，就是绝对控股。公司的关停并转，你说了算；合并报表，由你控制；人事支配权、奖罚权、分配权，都由你掌握。

股权就是政权。如果你把股权丢了，即使是创始人，这个公司也和你没关系，你不过是一个普通的员工而已。

关于股权，有专门的《公司法》和《合伙企业法》规范。

《公司法》适用于有限公司，有限公司的责、权、利是对等的，你投资多少，就获得多少权利。但是，《合伙企业法》责、权、利不一致，投资权和管理权分离，出钱的人就是单纯的财务投资，没有权，在资本市场上叫LP（有限合伙人）。那么权在哪里呢？管理者那里。GP（普通合伙

人）不一定出资，但是公司的决策权、管理权，都在他手上。所以，这个法律非常适用于股权激励的公司，GP是老板，老板让员工出资获得股份，把员工放在股权平台，员工有股权没有实权，老板的权力不会被稀释。

有限责任法：股给出去，权就分出去了，股和权同时被稀释。

合伙企业法：股给了，权没给，目的是保全自己的权，把利给到别人。

决策权——人头争夺战

决策权，关系到资源的支配，公司的资本开支，公司的走向。

企业不是一个人的，会有很多股东，董事会是股东赋予的权力机构。请注意，董事会在行使决策权的时候，就像美国的参、众两院，不是按每个人股份的多少，而是看人头。

比如，董事会有7名成员，就是同等权重的7票，公司大事投票决定，4∶3或5∶2或6∶1，最后少数服从多数。那么，股份制公司董事会的决策控制权，其实就是董事会成员的人头争夺权，你要掌控决策权，董事会的多数成员，必须站在你这边。

管理权——主动出击

一般来说，公司的总裁或总经理，拥有经营管理权。经营管理权包括设定目标，搭班子，带团队，资源的组织调配，等等。

这些权力也不能完全授权。你要掌握主动权，了解流程，参与管理。

你看，诸葛亮位极人臣，可是，连"士兵接受二十军棍的处罚"这种小事，都要亲自审理，他难道连授权的道理都不懂吗？不是的。

行动教育的所有岗位我都了如指掌，财务部、品牌部、IT部……公司所有部门有多少岗位，每个岗位做什么工作，底薪多少，绩效多少，这个工作到哪去了，怎么合并的，所有细节我都要亲自过问，亲自统筹，亲自拍板……

三权当中，只要有一个环节出现问题，公司打仗必败无疑。企业家要从三权问题上去思考，通过权调用资源，让组织高效，实现伟大目标。

3. 集权——躬身入局

唐朝军队打仗为什么那么牛？因为唐军的最高统帅——节度使，身兼军权、财权、用人权，打起仗来得心应手。宋朝打仗为什么那么"菜"？因为宋朝把军权、财权、用人权分别给了三个人，三个人互相掣肘。

民营企业基本上都是集权制，民营企业家一般都是控制权、决策权、经营管理权三权合一。因为民营企业家是企业命运的掌舵者，胜利成果的拥有者、分配者，也是败局的最终承担者。这是自然法则。

集权的优点：统一、高效、执行力强

集权的缺点一：管理者权不配位，没有履行职责，优柔寡断

集权的缺点二：管理者脱离实际，造成决策失误

发挥集权优点，克服集权缺点的唯一路径，就是躬身入局，让员工自我管理这些都是自欺欺人。

怀抱伟大目标，脚踏实地，进入场景，深入前线，才能最接近问题本质，才是企业家应有的作风。

4. 关键要害：1%决定50%

掌控力的一端是基于内部，"攘外必先安内"，另一端是基于外部。外部怎么掌控全局？

我们知道，即使一个小牧童，只要牵住牛鼻子，牛也会听他的话。如果是抓牛尾巴，几个壮汉也奈何不了牛。

所以，对外就是要找到关键要害。

要害一：关键大客户

行动教育的大客户战略，就是锁定行业第一，锁定区域第一，锁定上市公司。

要害二：战略大单品

锁定大客户之后，要有相应的拳头产品，铁拳出击。

要害三：标杆员工

针对员工，要抓住超级标杆员工。

20%的员工创造了80%的业绩，这20%还不能称作标杆。20%中的20%，即20%×20%=4%，决定了80%×80%=64%

的业绩。这4%的员工已经很了不起，但是还不是超级标杆员工，而是4%×20%=0.8%的员工，是他们创造了64%×80%=51.2%的业绩。

也就是说，在一个企业中，不到1%的员工，决定了企业一半的业绩！

所以，我们在工作中，要去抓那些标杆员工，标杆等于标准，通过标准进行复制，快速推广，然后再找标杆，再标准化，再复制，循环往复。这样，我们所撬动的杠杆也在成倍增长：4倍、16倍、51倍！

案例

从国王到丧家之犬

莎士比亚的名著《李尔王》，讲的是英国一个国王"失权"后的惨剧。

他执政多年，国家富裕，后来，年纪大了，国王觉得自己该退休了。一天，他把大臣和三个女儿召集起来，对大家说，我今天有一个重大的决定，我将把我的江山分给三个女儿，我要颐养天年了，权力就是她们的了。国王对大臣说，你们要听她们的啊！但是怎么分呢？我要先看她们怎么说我好。

大女儿站起来，表扬父亲的伟绩、父亲的功勋，对父亲感恩戴德。老国王频频点头。二女儿说，爸爸对我们的恩典，比日月还高，比江河还长，也是一片赞美。老国王也非常满意。三女儿站起来说，我对爸爸的爱是有的，但是我没有感受到这么大的光辉，我只想尽女儿的责任。老国王对三女儿的回答非常不满意，所以最后决定，把国土分成两份，一份给大女儿，另一份给二女儿，而把三女儿驱逐出国。

老国王接下来说，我退休之后，就轮流在两个女儿家里过，享受我的老年幸福生活。同时，我还有100个士兵、奴仆、家丁，这100个人得跟着我。于是，权力棒移交了。

紧接着，老国王和他的百人团来到大女儿家。但是，没多久，他的士兵和大女儿的士兵发生了摩擦，这时候大女儿直接就说，爸爸，你现在不需要这100个饭桶，太浪费资源了。老国王很不高兴，最后父女闹翻。老国王去找二女儿，没想到还没到二女儿家，大女儿已经把信送到了，数落爸爸不懂事，二女儿也不接待。此刻，谁能想到，一个曾经不可一世的国王，竟然变成丧家之犬。

小女儿被他驱逐以后嫁到法国，当上了皇后，听到这个消息之后，从法国带兵来英国复仇，没想到死在战场上。父亲看着小女儿的尸体，万般无奈，后来，他的大女儿和二女儿争夺疆土，又是自相残杀……

这就是人性！当你失去了权，你的枪就哑火了，就失去了"力"和"利"。

不掌握控股权能合作吗？

20世纪90年代，我们曾经跟一家公司合作，最后也是因为失权，以失败告终。

当时，云南省交通厅下面的高速公路管理部门准备成立一家广告公司，但他们不会经营，没有客户，他们的领导找到我，要和我们合资，他们出资源，我们出客户，我们来做经营管理，但是他们要占51%的股权。我把这个项目汇报给香港领导，香港领导很干脆地回复我：不干！我说如果不干，他们的优质资源就丢了。不是对方有100个高速公路广告牌吗？以后我们就能够做出十几亿元的产值，甚至几十亿元的产值。香港领导说，除非我们占51%股份，不然不做。

我当时觉得，这么大的肥肉，我们派一个副总过去当总经理，我当副董事长，我们这边占了两个高管位子，财务部也是双方派人，控不控股有什么关系呢？我又向董事长汇报，坚持说这个资源太重要了。但是董事长说了一句话："你能够把他的股权改过来吗？"我说现在不能，但是以后可以。最后领导同意了，我们占49%的股份。

公司成立后，我延续了原来的管理手段：建日目标、周目标、月目标，追踪项目，盯客户。我告诉我们派过去的总经理：你必须先找客户，而不是先建广告牌。

然而很快我发现，我们的总经理过去以后就不对劲了。有一次我去找他，他不见我，说是谈业务去了，我打电话给他，问他我们的方案做出来了吗？我们瞄准的几个客户去拜访了吗？没想到，他态度极其冷漠，半天不说话。然后我又问他，你听到了吗？他当然听到了。

"我在想，我到底对谁汇报？"他说。

"你对我汇报！"我斩钉截铁地说。

"董事长不是叫我对他汇报工作吗？到底是听董事长的还是听副董事长的？"他开始顶撞我了。

这个总经理是我一手带上来的，我一厢情愿地以为他是完全听命于我的。

我说，我可以向董事长提议。后来，我给董事长汇报，我说，这个总经理是你们让我来追踪他的业绩的，所以我得盯着他，我们做企业还是要用市场思维，一上来就建那么多广告牌可能不行，这属于浪费资源。而董事长明显不认同我，他说：不要了老李，你们的做法我听说了，你们太民营企业形式了，我们不是那么急，我看总经理做得挺好的。

总经理被收买了。因为他知道他的顶头上司是董事长，所以他十分清楚他应该听谁的。后面开会的时候，我提出来做企业还是要成本收入利润拿出报表来分析等，但大家阴阳怪气，最后我忍无可忍，只有退出。事实上香港领导说对了，我白做了这件事情，还把人给赔了，总经理倒戈了，他觉得他投靠了一个大组织，遇到了一个大金主。

当然，几年以后，这个公司垮了。

总结来看，《孙子兵法》上部用6个篇幅阐述了一种超越竞争的战略。

一，全胜。观时，取势，道、天、地、将、法，通过战略上的竞争屈人之兵。

二，速胜。强调不战，一旦要战，速战速决，掌握时间节点，在关键位置投入重兵，推行闪电战。

三，谋胜。攻心，伐谋，不战而胜，实现共赢，使对方的资源为我所用。

四，先胜。先立于不败之地，等待敌人犯错。择高而立，降维打击。品牌、品质、核心竞争力、团队建设、用户价值不断积累，给自己打造绝对的胜算优势。

五，奇胜。守正出奇，从用户的痛点，到标杆的区隔，到行业的精准聚焦，做出大差距、大价值。

六，权胜。掌握控制权、决策权、管理权，掌握调配资源的能力，牵牛鼻子，用在关键要害。

先机论　利害论　决战论　地利论
并力论　不败论　先知论

论　篇

下部

第七篇

军争篇——先机论

先机关键词

"军争之难者,以迂为直,以患为利。"
"……后人发,先人至……"
————《孙子兵法·军争篇》

先机之义：时间差 空间差

军争篇的实质，可归纳为一个关键词：先机。

三国末期，魏国派钟会和邓艾伐蜀，钟会的主力部队和蜀军在剑阁僵持不下。而邓艾选择偷渡阴平，绕了一个大弯，越过700多里没有人烟的小路，直捣成都，蜀国不得不投降。这条路虽然迂远曲折，却是直插要害，后发先至，成果显著。

先机，就是关键的时机，它有两层意思：

第一层意思，以迂为直，看起来迂远曲折，实际阻力最小，直达目的。

第二层意思，后发先至，把不利变有利。

在商战当中把握先机，就是通过对标杆的一抄、二改、三突破，利用时间差、空间差形成落差，降维打击。

先机之计：三步法 主观到客观

这些年来，经常有同学问我："老师，我有钱，有团队，有决心，现在改行做白酒，改行做大健康，改行做人工智能，能不能做？"其实，这是很多老板的思维模式，在原来的业务上赚了一点钱，现在发现一个大需求，就想杀进去。

但是，我问他的第一句话是：你要做白酒，有没有发现

机会?发现了什么机会?怎么判断机会?怎么区隔机会?什么是机?什么是会?

站在商业的角度,钱不是第一重要的,团队也不是第一重要的,还有决心,哪个创业者没有决心呢?关键是有没有机会!

机会怎么分析?可概括为两个问题:

- 合不合适?
- 什么时间合适?

1. 合不合适——三步判断机会

第一步:机会还有吗?

回想一下,我们是怎么成功的?是因为创业的那个时代物资匮乏,市场是空白的,"土地"没有人开垦。但是现在,供给严重大于需求,你有机会吗?

第二步:怎么知道是你的机会?

假如这真的是个机会,那么,你怎么知道是你的机会?不是别人的机会?你要分析行业和对手。

- 了解行业——行业处于什么发展阶段?市场规模有多大?市场增长率是多少?客户是谁?客户在哪里?
- 了解产业链竞争格局——行业老大是谁?你的对手是谁?谁是敌人?谁是朋友?

第三步：你能不能把握机会？

第三步才轮到你自己：你是谁？你有多少钱？你的能力圈如何？前面的两步是外在的，有钱、有能力、有决心是内在的。但是，外在决定内在。对一个企业家来说，机会是第一关键要素。

2. 什么时间合适——从主观到客观

机会有了，什么时候发力，什么时候上手，也是胜败的关键。

早了，会成为先烈。晚了，先发优势没有了，蛋糕分完了。

先烈，一般都是那些自以为是的创业者，他们过于主观，过于想当然。

创业者主观思维：

- 我水平比你高
- 我产品有差异
- 我能找到客户
- 做这个我是第一

市场客观现状：

- 机会，无法改变
- 客户的需求、客户对我们的判断和比较，无法改变
- 竞争对手的实力，无法改变
- 产品有没有竞争力，有没有给客户造成10倍的落

差，这种客观的差距无法改变

孙子强调，天时改变不了，地利改变不了，山川河流改变不了，只能因时利导，因势利导。孙子教会我们，思维必须客观。

先机之法：一抄二改三突破

1. 后发先至——时光机理论

如何把握先机？有一个方法叫时光机理论。

世界的发展，永远不平衡，在某个地方，总会有先进的标杆。

标杆在哪里？

- 先进国家
- 先进民族
- 先进技术
- 先进的思维模式
- 先进的管理方法

这些先进标杆的商业模式，通过在先进区域的尝试，在那个商业环境里找到了用户，找到了盈利闭环。他们经过客观的积累，产生了时间差、空间差，形成了落差。

当我们看到了先进国家、先进标杆、先进模式、先进技术之后，我们就发现了机会，通过一抄二改三突破，就具备了后发优势，有了后发先至的可能。

机会在哪里？

- 标杆公司
- 先进人群，最早的用户

对标：同行 同类

如果有一项业务，在中国或者一个很大的区域市场里还没有，这就是机会。

有了机会，首先要对标。不仅是做新市场，包括做老产品，都要对标。

> **商战兵法：对标什么？同行、同类**
>
> - 同行（一级标杆）：相同的业务、相同的模式
>
> 比如说，我从前做跆拳道道馆，对标的第一类，首先是韩国的跆拳道道馆。我今天做企业家教育，对标的是顶级的培训公司、商学院，如法国高商、美国哈佛。
>
> - 同类（二级标杆）：拥有相似的业务，或同一个产业链的上下游公司
>
> 比如，与跆拳道相似的业务——空手道馆、其他的武馆。

一抄：复制标杆

复制标杆，对你来说极其简单。怎么抄？先僵化，后固化，再优化。

一开始，就是一板一眼地抄。

"抄作业"方法一：走出去——到标杆公司去

胜论

如果你想学习标杆,直截了当地和他们说就可以了。当时我做跆拳道,就是通过行业协会和政府,向韩国提出来我们要去学习,于是,组了一个代表团到了韩国。

学什么?标准、流程、制度、管理、教练、训练场景。

我们是俱乐部,不是运动队,那韩国有跆拳道道馆吗?能够给我们引荐吗?于是,我们获得了引荐。去跆拳道道馆交流的时候,我们学习他们的课程产品设计、定价、招生方式、收费方式等。

"抄作业"方法二:请进来——引进"外援"

在向韩国学习的过程中,我们每个人都有一种感触,论跆拳道水平,我们和他们的差距太大了,所以马上提出来,我们想引进跆拳道教练——得过世界冠军的,教过世界冠军的。

在完全复制标杆的阶段,关键在于你要有意识地去学习,愿意去学习。比如,行动教育原来主要是做短平快的培训,选择酒店作会场。2013年,我们准备升级做商学院。所以,我们带着团队到哈佛商学院、巴黎商学院去学习、交流:为什么要用阶梯教室?为什么要有这种学科制?为什么要用案例教学法?他们的核心价值在哪里?如果你不做这个动作,很难突破。

"抄作业"方法三:全方位,长期追踪

我们对标杆的学习,不只是哈佛,美国七大商学院全部拜访过,我们还建立了战略研究部,密集收集他们的情报信息，对他们所做的每一件事进行长期追踪。他们开发出一个好的课程，只要我们认为对我们有用，就会派人过去，亲自上他们的课，实际是研究他们的课程体系，对我们到底有多少价值。

这是多维度的向标杆看齐，向标杆学习，而且不停地从标杆的角度找到落差。

对标学习法，是21世纪管理学最有效、排名第一的工具。你是做什么的，应该马上找到标杆是谁，带你的团队去拜访，甚至要有专门的机构搜索标杆，锁定标杆，研究标杆。

这个过程是个长期过程，你会从标杆身上学到很多方法论、理念论。

先机的"机"在哪里？其实这个"机"不是我们创造的，是拿来主义，复制比创造要快很多。

二改：改产品

当你抄会了以后，才进入第二阶段：改。

- 改产品
- 改针对产品的服务

抄是在全局，改是在局部，是立足自己的差异化，立足自己的核心价值，和标杆做出区隔。行动教育抄了哈佛商学院的全部硬件标准，包括空间、环境、视觉、桌椅板凳，以及学科设置、研发体系等，但是，行动教育的核心竞争力来

自实效,我们在实效方面与标杆做出了区隔,死磕实效。

三突破:不断迭代

第三阶段,是在产品维度不断地创新、迭代。同时,针对服务,基于我们的客户需求,不断地做升级。

我们立志用10年、20年、30年、百年,甚至更长时间,成为真正的世界第一。

其实,今天的阿里巴巴、腾讯、滴滴、美团,全是利用了时光机理论,做到了后发先至。表面上是后发的,实际上是做了产品的升级,客户服务的升级。最后拼的是迭代的速度和质量。我们需要的是这套商业逻辑。

2. 你的业务没有标杆?证明你是一只怪鸟

没有标杆 这事不能干!

当你打算开启一项业务,最快的速度就是先找标杆。这时,你脑中首先要思考的是:这项业务有没有人做过?在什么地方做过?在哪里成功过?

如果你说我这个模式没有标杆,是真正的创新,前不见古人,后不见来者。那我会认为,你可能是一只怪鸟。这个世界上所有的鸟都有了,雄鹰也好,大雁也好,孔雀也好,当你没有找到标杆的时候,实质是什么?你是一只怪鸟。

站在我的角度,最怕怪鸟,林子大了,什么怪鸟都有,这种鸟活不长,只能自生自灭。

你以为你是开创者,但可能10个里有8个都是伪需求。

即使真的成立,是绝对创新,我也要打几个问号:你有时间去改变用户的认知吗?你有时间去教育用户吗?你有时间去养成习惯吗?你是谁?你有多大实力、多少资源去改变认知?你培养出来的市场,是你的吗?

找了,如果没有,这个事情就不能干!做产品就是要做真需求。

- 伪需求:主观的,短期的,不能被验证的
- 真需求:刚性需要,比如衣食住行、生老病死

千万别去培育市场!

在今天,你要想做到绝对创新,那是概率极小的。我们第一步要做的是复制标杆,不是创新标杆。你创造不了这个市场。复制意味着别的地方已经成熟了,会有标杆的引领,会形成趋势。

很多时候用户还不成熟,从人的角度来看,对新鲜的事物可能有一点感兴趣,他只是尝一口鲜,但不会持续。基于用户的趋利避害性、用户的投机性,他根本不会认你这些东西。做生意不能用尝鲜的思维,人是习惯性动物,习惯性动物就需要时间的积累。

时间的积累,包含了教育用户的过程,客户认知的形成,客户习惯的养成。

一个小公司,要去改变消费者的习惯、改变消费者的认

知，甚至去教育消费者，基本是不可能的。即使最后培植出来，也不一定是你的市场。你不是教育消费者，而是引导消费者，去创造更好的价值。

不要向你的身边人学习！

最后，再来一句忠告：不要向你的身边人学习！哪怕他告诉你，他的方法很好。

- 第一，我们不能通过短期的成功判断他的长期胜利。

他的商业模式未经过验证。仅仅靠三年、五年甚至更短的时间是看不出来的。标杆公司是长期主义，几十年、几百年的验证，市场的锤炼，有时间的积累、客户的教育和培育，它的成功是必然的。

- 第二，不能平维学习。

要越维学习，才能降维打击。平维学你就同质化了，最后就是同归于尽。

案例

"以迂为直"，"抄作业"抄到极致！

2013年，行动教育决定转型做商学院，我们专程去美国哈佛商学院考察，回来之后就开始"抄作业"。

行动教育上课的教室，我们全部是按照哈佛商学院的标准僵化地抄。找美国设计师做设计，用美国的材料做装修，包括插线孔、话筒、桌椅板凳的布局尺寸，甚至空调开多少度，全部都和哈佛商学院一模一样。

黑板是美国原装进口的，安装也是。采购的时候，采购经理和我说，中国有一模一样的黑板，价格只有美国的四分之一，你选择中国吗？另外，木材在中国采购也会便宜，美国的木头，难道我们做不出来吗？安装话筒的时候，也有人建议我把话筒取消，会节省一大笔钱，因为国内现在没有用这种话筒的教室了，都无线话筒了，甚至可以不用话筒，说话声音高点就行了。

但是，我并没有犹豫，一心只想着完全复制哈佛商学院。不要耍侥幸心理，这些都是坑！人性总是想便宜，想趋利避害，喜欢打折，将就，降低标准。表面上向标杆学习，但根本没有采用对方的标准，觉得稍微改一下差不多，但实际上差很多！你觉得差不多，是你还没有达到那个高度，你不理解。

这个教室我们已经使用了7年多，黑板一擦很干净，写字的清晰度也不一样。哈佛商学院为什么选这个材料？因为经过时间的锤炼，经过检验。

一块木头可能导致一个企业的失败

我们也有一些教育培训的同行，要求我们把美国的装修公司介绍给他们，他们后来一问，觉得太贵了，还是决定自

己做，最后出来一看照片，发现颜色变了。黑板照出来是灰的，空间的设计换了，四不像了。

木头能贵多少呢？你要注意到，我们最大的成本不是有形成本，真正的大成本是无形成本。如果它用一会儿就坏，你要重新修，这中间最大的是时间成本。

标准是给用户创造的价值，你把标准降低了，你以为客户会无所谓吗？黑板、桌椅，每天都在使用，用户都能感知到标准。如果降下来，用户体验价值会降低，优质客户会流失，这些是你挽回不了的。而最大的害，是你的战略，你的这套体系，很难重新起来了。

其实，企业最后的竞争是标准的竞争。同样的东西，如果对手把标准做得很扎实，故意拿高标准打击低标准，就形成了降维打击。通过标准，直接和你拉开差距。

降低标准是主动犯错 赢在对方犯错

我是做体育出身的，对差距很敏感。比如，两个级别差不多的运动员，我短跑超你几个身段，其实很难，差距也就是几毫秒。那差距是怎么出来的？是你犯的错。孙子讲了，胜不在我，我只能做到不败，我是赢在对方犯错。因为对方偷工减料、急功近利，把标准降低了。

所以，回到原点，如果你没有僵化地"抄作业"，其实一开始就错了。你的起心动念，其实已经决定了你的结果，一切皆因果，这个是宇宙法则。耍小聪明，觉得是抄了近路，但实际上最后的成功是以迂为直。

第八篇

九变篇——利害论

利害关键词

"……军有所不击,城有所不攻,地有所不争,君命有所不受。"

"是故智者之虑,必杂于利害。"

——《孙子兵法·九变篇》

利害之义：得与失 红与黑

"天下熙熙，皆为利来，天下攘攘，皆为利往。""利"和"害"，是人类一切行动的根源。

"利害"，就是好处和坏处，得与失，红与黑。

"利害"思维是《孙子兵法》的核心。"孙子"重新定义了战争的作用，明确指出"利"才是战争的最高考量。孙子认为，打仗前要考虑战争的利和害，有利才去行动，无利就要停止。

"利害"思维应用在企业经营，就是要把握好利与害的双刃剑。看穿人性，基于害做判断，基于利做驱动。

利害之计：把握双刃剑

1. 利和害的三把钥匙

- 第一把钥匙：辩证思维

利和害的辩证思维，有三个关键：

第一个关键，知道什么是利，什么是害。

第二个关键，知道什么利该争，什么害该避。

第三个关键，利和害是可以相互转化的，有智慧的企业家，能变害为利。

企业家如果以利和害的辩证思维考虑问题，就获得了思维的升维，就很容易找到正确的答案，做出正确的决断。

- 第二把钥匙：驱动组织

利，是组织的强大驱动力。它有三个层级：

第一个层级的"利"，利他。这是最能产生力量的，它来自对社会的利，给客户的利。

第二个层级的"利"，企业的利。这是企业生存和发展所必须争取的。

第三个层级的"利"，团队和伙伴的利。这个当然也是需要保证的。

- 第三把钥匙：调动别人

孙子说，"屈诸侯者以害，役诸侯者以业，趋诸侯者以利"。

你的供应商围着你转，是因为有利可图，你的团队跟随你，是因为你创造了一个"利"的磁场，没有利就散了。利和害，是调动别人实现你的战略的最有力武器。

2. 企业为什么会失"利"？

企业失利，有两个误区：

误区一：不考虑利害 意气用事

孙子认为，"主不可以怒而兴师，将不可以愠而致战"。一号位做事，如果不从利害角度出发，而是情绪化、图一时之快，就会葬送三军。

- 虚荣

楚汉战争之初，项羽占据压倒性优势，有人劝项羽拿下

土地肥沃的关中作为大本营。他却说了一句，"富贵不还乡，如锦衣夜行"。他为了虚荣，竟然回到彭城老家一个没有任何战略意义的地方建都。他也知道关中占尽地利，但是他图的是面子，没有图利。

- 冲动

刘备得知荆州被袭、关羽被害的消息之后勃然大怒，不听诸葛亮的劝阻，以倾国之兵伐吴，结果大败而归。吴国此时占据天时、地利、人和，刘备难道不知道伐吴捞不到什么好处吗？他是知道的，但他不是为了利，而是一时脑热，为了给关羽报仇。

- 情绪不佳

官渡之战前，曹操率军南下，征讨反叛自己的刘备，后方空虚。此时，北方的袁绍得到一个千载难逢的机会。谋士们都建议袁绍出兵偷袭曹操的"老巢"许都，结果，袁绍给了一个什么理由推辞呢？"儿子生病，没心情！"袁绍为什么不图利？因为他不理性，控制不了自己的情绪。

误区二：只看眼前利 急功近利

只看到小利、快利、摸得着的利、短期的利，利令智昏，放弃长期主义。

黄巢带领起义军占领长安之后，他看到眼前到手的财富，纵容士兵肆意劫掠，结局就是溃亡；刘邦进入关中之后，向百姓约法三章，秋毫无犯，可见志在长远，最终得了天下。

"军有所不击，城有所不攻，地有所不争"。将军赶路，不追小兔。面对利，一要防止被短期利益蒙蔽双眼；二要防止"螳螂捕蝉，黄雀在后"，无视随之而来的危险；三要懂得分配，不要因为占有利益而成为众矢之的。

利害之法："大利"出奇迹

1. "大利"来自终局和绝活

企业的目标是"逐大利"，企业家一定要有终局思维，大利来自终局。

你今天卖一碗米线赚了钱，那是短期；开一个店一年里都赚钱了，也是短期。你能不能20年赚钱、30年赚钱，能不能从一家店到1 000家、10 000家，这是终局思维。

"大利"来自哪里？

- 以终为始，长期积累
- 绝活

用户为什么买你？因为你独一无二。这就意味着你有第一的专业能力，并匹配第一的管理能力、第一的团队、第一的市场。人、财、物、产、供、销，你能不能做到第一？

2. "大利"来自取舍

边界——第一曲线

第一曲线是主营业务，是我们最早的、赖以生存发展的、最赚钱的、已经形成闭环的业务。一定要把第一曲线做到中国第一。

能力圈——专、精、深

主营业务必须有一套支撑体系，这个能力圈包括你的一号位、客户、产品、组织。

- 客户——龙头老大在不在你手上？

在这个细分赛道上，有没有20%的核心客户在你手上？你服务的客户群里，行业的龙头老大在不在？区域龙头在不在？如果在，这就符合逻辑了。如果你没有服务过顶尖公司，谈不上能够创造这种价值。

- 产品——拥有20%的高端客户，你配不？

你能够服务行业的顶尖公司、意见领袖，说明你的产品力相当强，已经做到了王牌对王牌，你的竞争优势相当明显。

- 组织——你的渗透力有多宽？

组织背后意味着市场的渗透力、占有率、客户的口碑、满意度。你的渗透力有多宽？不是你自己画一个小圈圈，自以为做到了第一。全球的市场非常大，即使你能做到几十亿、百亿，后面也还有很大的空间。

你先把这个一做到，根本不需要考虑二。

滚雪球——积累

所有顶尖高手，都来自滚雪球。时间的积累，专业的积累,人才的积累,品牌口碑的积累。一生只做一件事,一战到底。人生就是时间的积累,越陈越香。巴菲特、芒格都做到了100岁,我也要做到100岁。

我们把头部企业全部列出来,算算做下来要五六十年的时间。未来50年要做的事情都已经有了,我们不需要做别的,只针对企业家持续做实效商学院,就这个赛道,10亿元、20亿元、30亿元、50亿元到100亿元,然后从中国走向海外。

为什么任何诱惑都打动不了我?因为我已经看到了底牌。

如果把第一赛道先做到中国第一、全球第一,那么,滚雪球的速度就会加快。你的掌控力、你的价值、你的盈利能力,就能成就你的"大利"。

3. "大利"来自利他 兴"利"除害

"仁人之所以为事者,必兴天下之利,除去天下之害,以此为事者也。"

——《墨子·兼爱》

东方哲学提倡人要舍去小我,为天下人兴利除害。

大利是来自利他——利国、利民、利万众。稻盛和夫说,极致的利他,才是最好的利己。作为企业,应以使命为导向、以意义为导向。你如果抱有崇高的使命,不忘高度的社会责任,就会产生强大的动力去做一件事,也会拥有强大的号召力,得到更多人的支持和拥护。

在行动教育,我们强调先义后利。我们要推动中国企业的转型升级和高质量发展。我们是帮助企业实现增长,是成就用户,让用户得利。在公司,每个人的收入与成就用户的能力息息相关。成就的用户多,收入自然就高。为用户创造的价值越大,利就越大。

4."大利"来自"利害"的武器

聚焦于利,把一件事做好。

奖惩于利,我们希望什么,就要奖励什么,我们反对什么,就要处罚什么。做好的给以利,做不好的给以害。

奖惩于利,要做到以下两个方面:

- 有清晰的价值主张

任何人进入公司,第一件事就要知道做什么会得到奖励,做什么会受到惩罚。

- 奖罚要拉开差距

企业不要小奖小罚,而要大奖大罚。无论利和害,都要刀刀见血。

企业绩效机制的核心,要设计出落差,这个设计背后有三把刀:

第一把刀是入口,对应的是低底薪。

第二把刀是井喷口,对应的是高绩效。

第三把刀是出口,对应的是电网。

假设一个岗位的收入是1万元,那么,10%是底薪,90%是绩效。因为落差就是动力。高绩效实质上是大奖励,只有大奖励才能让人突破潜能,创造奇迹。最后,他可能不止完成预期的90%，甚至完成190%、290%，收入也不止1万元，而是2万元、3万元。

他不是为了老板奋斗，而是为了自己的"利"奋斗，只会让他得"利"更大。

那么，这样对专业线的人才，会不会缺乏吸引力呢？其实，企业可以灵活地设计双轨制绩效。比如，一个专业人才约定2万元的薪酬，10%是保底薪酬，另外90%与绩效挂钩。每服务1个用户可以得到3 000元绩效。假设他当月只服务了4个用户，那么绩效收入只有12 000元。这时，企业承诺取高不取低，仍然给他20 000元的保底月薪。相反，假设他本月服务了10个用户，绩效收入为30 000元，那么他本月的总薪酬是32 000元。

案例

商人祖师爷如何获得"大利"？

白圭，是战国时期的大商人，中国商人的祖师爷。司马迁在《史记·货殖列传》之白圭篇，记载了他独到的经商术。

利他思维 人弃我取

白圭的核心思路，就是予人实惠，利他思维。

当时的富商大贾们，主要从事奢侈品和资源性商品的买卖，粮食、蚕丝等农副产品的买卖，打交道的主要对象是农民和手工业者，富商大贾们瞧不上眼，而白圭恰恰从事这种别人不愿干的生意，这是"人弃我取"。

在收获季节或丰年，农民大量出售谷物时，他适时购进谷物，再将丝绸、漆器等生活必需品卖给这时手头比较宽裕的农民，而在年景不好或是青黄不接时，适时出售粮食，同时购进滞销的手工业原料和产品。他用比别家高的价格来收购，又以比别家低廉的价格销售，这是"人取我予"。

这种经营方法，既保证了自己能够取得经营的主动权，又在客观上调节了商品的供求和价格，在一定程度上保护了农民、手工业者以及一般消费者，实现了共赢。

商人四德：智、勇、仁、强

白圭说："吾治生产，犹伊尹、吕尚之谋，孙吴用兵，商鞅行法是也。"

他这句话中提到的"孙吴用兵"，就是孙子和吴起。他第一个把经商智慧和《孙子兵法》思想融于一体，构建了四字秘籍：智、勇、仁、强。

智足以权变——善于观时，变通，守正出奇。

勇足以决断——经商速战速决，不误时机。

仁足以取予——树立正确的财富观，义利兼顾，不要唯利是图。上要服务好百姓，回报社会，和国家利益保持一致，下要善待员工及合作伙伴。要懂得什么是自己该得的，什么是自己该给的。

强足以有守——有原则、有底线、正直、诚信、自律，有敬畏之心，必须是一种虔诚的信仰。

白圭虽为富商，但他生活俭朴，摒弃嗜欲，节省穿戴，经常与童仆们同甘共苦。而在捕捉赚钱的机遇时，就像猛兽大鸟那样迅猛。白圭后来还开办学校，招收门徒传授经营之道，可以说是中国最早的"商学院"。

格局有多大，世界就有多大。眼光长远、胸怀宽广的白圭，利国利民，他不发财谁发财？

第九篇

行军篇——决战论

决战关键词

"凡处军、相敌:绝山依谷,视生处高……"

"兵非益多也,惟无武进,足以并力、料敌、取人而已。"

——《孙子兵法·行军篇》

决战之义：决定性胜利

居高临下，形成势能，集中兵力，判明敌情，选用优秀人才，一战定乾坤。孙子在这一篇中，阐明了决战的要义。

所谓决战，是在关键时间、关键地点，取得决定性胜利。

在商场上，关键时间就是客户的情绪巅峰，关键地点就是最终的成交场景。

对企业来说，就是不断通过决战的形式打破常规，形成爆发力，创造奇迹。

决战之计：成交！逢战必决

1. 胜败临界点：只差一个成交

战争就是劳民伤财，破坏力、杀伤力、摧毁力不堪设想。所以，孙子告诉我们，战则求全胜，战则要速胜。在商战中，要把每一场战争，都当成决战，首战即决战。

如果你问我为什么要决战？那我要先问你：

为什么你虽然钓到了鱼，但是鱼最终脱钩了？为什么你一到成交环节，总是前功尽弃？

为什么你有顶尖的产品，顶尖的服务，在产、供、销上下了巨大的功夫，最后成果并不显著？

为什么没有取得决定性胜利？最后一口气差在哪里？

其实，任何企业都需要解决一个成交的场景。决战论，就是指导我们如何去塑造一个最佳的成交场景。

2. 成交的关键时刻：用户的巅峰体验

客户是怎么知道我们的——心智战——广告

客户是怎么买到我们的——成交战——场景

成交场景，在商业上叫关键时刻（Moment of Truth，MOT）。关键时刻，映射出来的是用户的巅峰体验。就是那种震撼，那种妙不可言……是那种情绪触发了成交。

那么，用户的"颅内高潮"是自然产生的吗？不是。是通过一系列的设计触动的。地点、时间、资源配置，决定了能否取得决定性胜利。你需要一场战役。

决战之法：人、货、场、战

决战怎么打？先认清四个关键要素：人、货、场、战。

- 人——客户是谁？如何打动他们？
- 货——我们提供什么样的商品或服务？
- 场——成交的时间、地点
- 战——利用势能，创造奇迹和巅峰

1. 人——决战对象

流程设计——SOP

客户慕名而来，是把时间和信任交给了你，那么，你的每一个动作，你传达给他的每一个信息，都会影响他的决策。他来你这里会发生什么，你想发生什么，都要做设计，一切都应该有剧本。怎样把价值感给到客户，必须一一管理。

客户所见——环境的设计、所有标准动作的设计

客户所闻——表达方式、语言话术的设计

客户所感——环节步骤的设计、场景的设计、巅峰体验的设计

这种设计，商业上叫标准作业流程（Standard Operating Procedure，SOP）。把现场所有的工作制定出一套流程，每个人都要按部就班地按照流程来执行。

据统计，每位客户在接受公司服务的过程中，平均会与五位服务人员接触，平均每次短短5秒的接触，就决定了整个公司在客户心中的形象。

其中有一个核心职责，就是客户的接触点管理：

客户的所有接触点：

- 客户如何知道我们？
- 客户从哪里知道我们？
- 客户如何与我们取得联系？
- 客户如何上门？
- 我们向客户说了什么？
- 我们提供了什么服务？
- 我们给客户尝试的第一个产品及流程。
- 我们给客户尝试的第二个产品及流程。

……

员工的SOP要做到位，根据用户成交前、中、后的时间点，每个标准作业流程都要了如指掌，做每一个接触点管理。他车停在哪里，他上哪部电梯，谁去接他，他会走哪个门，你要把这个流程图给他画出来，带给客户的每个细节都要舒服丝滑。

用户画像——谁是金主？

在设计中，我们必须研究用户。

用户不是越多越好，而是越精准越好，将用户的模样画出来：年龄、性别、职业、收入、偏好，以及购买动机……瞄准这个画像，一枪打出去，就能射中靶心。

从体验和决策的角度看，用户有三种类型：

- 决策者——不体验，但决定成交，比如妈妈帮孩子买东西。
- 体验者——只负责体验，不决定成交。
- 决策者+体验者——既负责体验，又决定成交。

巅峰体验和成交，要设计在同一场景，从体验到决策，时间越短越好，链条越短越好。

> **商战兵法：用户分类管理**
>
> | 用户类别 | 价 | 量 | 标签 |
> |---|---|---|---|
> | A类用户 | 价高 | 量大 | 大鲸※※※ |
> | B类用户 | 价中 | 量中 | 海豚 |
> | C类用户 | 价低 | 量大 | 鲨鱼 |
> | D类用户 | 价低 | 量小 | 小鱼 |
>
> 不同的用户角色，要做一一对应的SOP。
>
> A类用户是我们决战的重点对象；B类用户维持现状；C类用户量大却价低，这类用户一般都很苛刻，这种用户是有风险的；D类用户要坚决放弃。

2. 场——能够成交的决战战场

场，就是决战时间，决战地点。比如，行动教育的课堂就是场，用户的交付、用户的服务、用户的购买，都在这个地方。

3. 货——最具杀伤力的决战武器

第三个要精心设计的是货，用户买什么。肯定是最有杀伤力的拳头产品，要以公司顶级的一号产品作为敲门砖。

4. 战——创造奇迹的巅峰体验

有了用户和产品，设计了关键时间、地点、服务体验，然而，仗却没有打起来。这是为什么？

因为缺少了最后一个字：战。最后的高潮更需要设计。

你会说，有啊，我们要求他签单多少，回款多少。但

是，你做不出效果，没有达到巅峰体验。人的巅峰体验来自哪里？情绪。巅峰时刻一定要有情绪战役，客户购买是感性的，如果你在那里东一句西一句，有一搭没一搭，最后情绪跑了，人气散了，就没有办法拿到成果。

孙子说，战要求之于势，不责于人。孙子推崇三个势：

- 第一个势：位置。
- 第二个势：速度。
- 第三个势：人势。

体现在商业上，是三个动作：

- 针对位置，择高而立。
- 针对速度，闪电战。
- 针对人势，并力。

从5年到60天 等待零容忍

首先是位置，要从天而降，有俯冲加速度；有情绪如洪水般涌来，瞬间将现场淹没的势能。

其次是闪电战，要彻底打破常规。比如，过去我们开发一个市场，做到3 000万元，常规战役需要3~5年。现在呢？我要求的是30~60天！

比如，以前我们派一个总经理到江西开发市场，他建团队，做广告，做老客户链接，开发新客户，一个一个做提案，滚动，积累，三年后可能做到3 000万元，而且，这个总经理要相当强。闪电战不是这个逻辑，现在我们给的条件是30天！你不要跟我解释3年，我也不会听。老马拉车，婆婆妈妈，优柔寡断，这样做的话，黄花菜已经凉了10遍了，鸟都飞了，哪还有机会？

什么叫速战？就是绝不容忍等待。时间就是最大的效率，最大的成本，就是最大的出奇制胜。什么叫出其不意？就是这个速度你根本没想到！

江西战役！60天决战模板

此刻我们开始打仗了，你就要极大地调动情绪。孙子在很多章节都谈到并力，就是十倍兵力！十倍火力！形成敌我悬殊，饱和式攻击！你必须营造这个势，让人感觉到那种无比壮观的势能。

比如，我们要在江西打一场决战，首先要确定，在什么样的场景销售，是什么样的用户，用什么样的拳头产品，接下来调集资源，开始倒计时。要求时间最多60天，分成两个30天。

前30天

- 调主将

先调一个猛将，到江西做总经理。我们向他提出，30天内招到50位员工。

- 调政委

政委，就是招聘官。一个不够，两个、三个、四个，集中政委资源，线上线下同时招兵买马。

- 调教官

人来了以后要带教，筛选，所以需要总监，公司调三个总监过来，建立铁三角，快速培训人才。学完以后，马上奔赴战场，打10天，回来再学3天，再打10天。

- 广告、投递

同时，我们还要再调集公司资源，做客户开发。

从第一天开始，我们就要先盘点客户，找到江西1 000家最大的公司、行业龙头、区域老大。然后把书、光盘或视频文件，投递给这1 000家公司，让对方了解我们是一家什么样的公司，提供什么服务，我们有哪些项目。就像空战一样，雨点般的炸弹先飞出去。

- 梳理

总监带着团队梳理客户，从1 000家里面梳理出100家有可能性的，哪怕没有可能性也要主动出击。

后30天

- 提案

召集提案专家，开展密集提案工作。

- 成交和交付

最后是成交和交付。比如，我们准备11月30日在南昌开一场浓缩EMBA，基于这个主战场，前面我们的招兵买马找客户，最终都在这里实现，同时也要卖产品。

总共60天时间，我们化繁为简，通过并力集中资源，极速推进。第一波卖浓缩课，第二波卖校长课。60天过后，客户来了，口碑也来了。接着就是迅速撤退！然后转战南宁，转战贵阳……启动新的战役。

就是要用一次又一次的战役，一轮又一轮的脉冲，不断吹响集结号，让团队的潜力一次又一次地爆发。

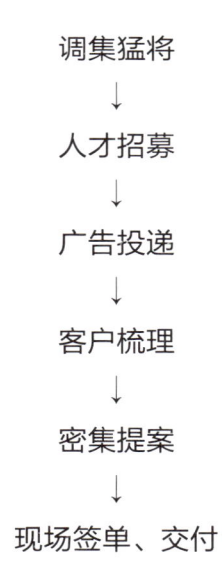

调集猛将
↓
人才招募
↓
广告投递
↓
客户梳理
↓
密集提案
↓
现场签单、交付

巅峰——双方都达到高潮

巅峰不是一头热，巅峰来自两个方面：
- 员工士气的巅峰。
- 客户状态的巅峰。

首先来自精心的设计、氛围的营造，使团队的士气达到高潮，形成大家都觉得我能创造奇迹的场景；其次，来自你的并力、聚焦。势能一旦出现，本来不可能完成的任务，此刻就能够"放卫星"。最后的结果是客户的状态被触发，大家趋之若鹜：我怎么才知道行动教育啊？我怎么才能来听这个课呀？这时气氛到这儿了，都觉得报名是一种荣耀。双方都达到了高潮。

如果你这边是单枪匹马、孤家寡人，客户那边也是稀稀拉拉，那么客户的状态就不一样了：我再想一想！我再对比一下！有没有什么优惠折扣？

人性如此。他觉得一样东西珍贵或者有价值，要在一种特定状态、特定氛围下才行。

以战养战 在打仗中学打仗

决战全过程：

作战前：布局、动员、调兵遣将

作战中：检查、追踪、排兵布阵

作战后：总结、复盘

定期：授衔、颁奖

春、夏、秋、冬，是我们的"四季战歌"，每季、每月、每一个战场，都枕戈待旦。

我们在每个战场评选标杆，每个月、每个季度都树立标杆榜、标杆冠军。

我们有半年度的英雄大会，一年一度的盛典，从上到下各个级别的授衔、颁奖。

通过标杆总结梳理，建立标准，向标准学习。

把标准变成流程，贯穿下去，循环往复……

"一鼓作气，再而衰，三而竭。彼竭我盈，故克之。"我们的祖先很早就总结出了这个道理。

美国心理学家迈尔有一个"疲劳动机理论"，他认为，人体的总能量是一个常量，每个人每天都根据自己的需要和动机水平对能量进行分配，动机强烈，分配的能量就高，动机强度低，分配的能量就低。

人就是需要这种刺激，必须一直有仗可打，才能保持这种士气，保持这种战斗力，永远如狼似虎。如果没有世界杯，哪有经典的射门？如果没有奥运会，哪有世界纪录的突破？通过战，把队伍锻炼出来。通过这种势能，效率突然提升了。整个过程用的都是孙子的战役思维。

案例

业绩下滑 面临摘牌 背水一战该怎么打？

情绪战就是一鼓作气

"三军可夺气，将军可夺心。"振自己之气，夺敌军之气，最著名的战例是《曹刿论战》里的齐鲁长勺之战。齐军一鼓，鲁庄公要战。曹刿说："未可。"齐军退回去，重整旗鼓，再来。鲁军还是不战。等齐军击了三通鼓后，鲁军才

胜论

击鼓冲锋,冲上去就是决战,于是大胜齐军。曹刿说:"夫战,勇气也。一鼓作气,再而衰,三而竭。彼竭我盈,故克之。"

合兵一处 四场大战

商战讲究的也是一鼓作气。

最近,我去了一个客户那里,他们是一家做食品的上市公司,说现在业绩下滑,可能会被摘牌。问我如何用短平快的手段,把业绩做上去。

我说闪电战。以节日为契机,先在全国掀起一场战役。快速建立标准,建立SOP流程,公司资源全部倾斜,聚集兵力,销售前、中、后分别提速。

巅峰状态关系到人的注意力,平时都是各自为战,现在全部压过来,全部转移到一个焦点,从老板,到副总裁,到工厂,马上投入战斗!

他们说,太好了,但突然有一句话丢出来:啊,不行,来不及了!

"为什么来不及?"

"因为我们的货要提前订,然后再卖!"

"为什么要提前订?卖票啊!在互联网发达的今天,非要看到东西才买吗?卖了以后拿票来换!"

因为距离中秋节还有12天,当时他们公司分管生产的副总,还是强调来不及。

第九篇 行军篇——决战论

我说不行,这一战非打不可!中秋是练兵,是总结经验,中秋打完,我们就开始复盘,复盘以后紧接着重新部署兵力,接下来是打国庆战。中秋战是核心城市战,后面就是全国战。

应对兵源不足,全国战要分成几大战区:华东战区、华北战区……该分类的分类,该集中的集中,人手不够,工厂里的工人都要给我上前线去!咱们把票卖了再说。

我们总结下来,马上开始连打四场战役:第一场中秋战,第二场国庆战,第三场圣诞战,第四场新年战,通过这四场战役,在第四季度把业绩拉起来。

速胜 马上看到成果

这个老板还说,现在不仅是业绩下滑,还有一个更重要的问题是士气低落。公司业绩向下,大家都已经认了,觉得是大势不好,下降是理所当然的,都躺平了。

那么,此刻就是调集所有资源往前线压,先决战10天!10天拼了命去打总可以吧?10天一定要打完,先来一场速胜。然后就颁奖,奖金立即发,要让将士们马上看到成果,觉得这么干是可行的,士气就上来了。

情绪巅峰 一切皆有可能

一开始,他们没有说摘牌的事,是让我去帮他们梳理战略,我滔滔不绝地讲完战略之后,他们才说,已经收到最后通牒了……为什么不早点告诉我呀?保牌是第一要务,现在

是抢救时间，这是急诊室，不是按摩室了。

什么时候摘牌，用什么指标来摘牌，把时间倒推给我。必须打闪电战！

这个时候不是讲战略，而是为了生存下去的背水一战。拼命的时候到了！全部人都操刀！炊事班的都跑到骑兵连前面去了！就是要这种血性！这个时候状态就有了，势就起来了。

物有本末，事有先后。我们要注意这个逻辑，逢战必决，而且是决定性的胜利，就是要塑造这种情绪，一切都有可能。

第十篇

地形篇——地利论

地利关键词

"地形有通者、有挂者、有支者、有隘者、有险者、有远者……凡此六者,地之道也……"

"知彼知己,胜乃不殆;知天知地,胜乃不穷。"

——《孙子兵法·地形篇》

地利之义：地段、地段、地段

孙子认为，战争当中，会遇到六种不同的地形。了解了地形地理，就能占据地利，借助地利奠定胜局。

刘邦占据"关中"地利，得了天下；李渊占据太原"天下精兵处"，得了天下；朱元璋占据"江陵长江咽喉"，得了天下。大小战争之中，占据有利地形而获胜的不计其数。

地利之计：资源、势能、制高点

房地产行业的成功有三大秘诀：第一，地段；第二，地段；第三，还是地段。

为什么房地产会强调地段？因为地段决定了交通、人流、配套设施，以及医疗资源、教育资源。

在商业法则当中，地利背后的实质是两大要害：第一，资源；第二，势能、制高点。

地利论就是位置论，无论是从战略还是战术的角度，企业都应该把握地利原则。

地利之法：全球布局 调兵遣将

1. 注册地：全球资源聚集地

对企业来说，一个重要的布局是要选好注册地。做到全球资源，为我所用。

第一，注册地关系到公司的发展资源。行动教育是2001年在昆明成立的，但是，公司想要上市，意味着要占用云南的名额。云南的旅游业、矿产业、资源业那么多公司，会给咨询公司上市？轮得到吗？

第二，注册地关系到给用户的体验感、认知感、价值感，也关系到品牌、商誉。设想一下，如果一家做酱香白酒的公司，注册地在上海、在广州，你会怎么想？不应该是贵州、四川吗？一家号称世界级的商学院，如果一直在昆明，它的名字叫昆明行动教育，是不是大打折扣呢？你在昆明注册，能叫北京行动教育吗？那不行，市场监督管理局不允许。

第三，注册地关系到你的客户资源，你的上下游供应商，还有你招聘的员工的素质。

第四，注册地还关系到政策环境、营商环境。

注册地的背后是税收。行动教育每年大概有1 000万元的税收返还。还有各种政策补贴，如小巨人科技创新、高新技术认证，等等。财务总监会锁定各种专业政策，进行补贴申请。

现在，我们在上海这个制高点上，就是选择高维带来的落差，背后关系到资源借势，这是自然法则，是有钱也弥补不了的。

其实，注册地也可以放在香港。在内地，有增值税、企业所得税，所得税给到分红还要交20%。如果在香港注册公司，税收只有一种统一的利润税，200万元以内8.25%，200

万元以上16.5%。另外，国家不同区域之间的税率，也有等级落差。

无论是注册在香港、在美国、在日本，还是东南亚某个国家，关键取决于你的资本市场在哪里，品牌辐射的范围在哪里。

2. 市场布局，如何插红旗？

地利论的另一大重点是市场布局，你得确定你的战场在哪里。

"战场"分类：

- 决战场：战略级市场
- 主要战场：核心市场
- 其他战场：区域市场
- 未来战场：海外市场

战略级市场：投入重兵

因为行动教育注册地在上海，所以，我们的战略级市场、中心枢纽就是上海，这里是我们的根据地、大本营。上海必须攻克，它会成为我们的旗舰和航母。

- **决战地 坚持嫡系**

上海，包括北京、广州、深圳、杭州这几大中心城市，是我们的决战地。每个季度，我们一定要在这五个城市开课，一定会投入重兵，基于属地调集资源打决战：北京属地为华北战区，上海、杭州属地为华东战区，广州、深圳属地为华南战区。

基于行业的性质，我们全部是嫡系部队。2013年，我接手行动教育以后，第一个动作是砍掉代理商，我把代理商全部召集起来，告诉他们：合同在明年12月31日到期，到期之前这段时间如果愿意退出的话，我可以加钱20%~30%。

究竟发生了什么？现场的加盟商群情沸腾，有人开始闹事。但我的态度非常坚决。

我们这个行业，曾经都是小、散、乱，有上万家的公司混战，我怎么保证我的客户价值？我发现中间商保证不了，这是我下定决心的原因。这一次我宁愿做蹲下来的动作。

SOP他们能够坚持吗？他们如何承诺，如何收钱，钱到哪去了，甚至说如果做了危害客户的事，我拿他们一点办法都没有，他们是另外一个法人主体。这样做下去的话，后患无穷。我们的产品是无形产品，要掌控用户价值，必须做直营。

只要脚踏实地，就能以迂为直。把一个店做好，同样能名利双收，然后再做第二个店、第三个店……秦国统一六国，用了六代，一个企业不可能一夜之间迅速做强做大，我们的人生就是做这份事业，积累就可以了。

竞争的实质，是嫡系部队之间的竞争，它的主要战场、主流团队、主流市场一定是直营体系。这关系到管理上的政令统一，集中战役，调兵遣将。

有的行业就算可以做代理，但是你要注意，绝不能把全

国市场全部给他们，一旦出现问题，就会兵败如山倒。

- **人才基地 黄埔军校**

战略级市场也是人才基地。这里有完整的人才培育体系，完整的人才梯队，未来在别的地方打仗的时候，可以通过这个地方调兵遣将。

商战兵法：行动教育核心人才营盘运营体系

核心人才营盘	对象	教材体系	教练体系	教学模式
新兵连	0~3个月学习官	学习官手册	业务教练+职能教练	集中学+在线学
特战队	大客户特种兵	特种兵手册	内外部导师+军校教练	集训选拔+在线学
教官营	6个月以上管理储备	教官手册	军校教练+业务教练	集训选拔+直播分享
大将营	营销总监	大将手册	内部导师+军校教练	集训共创+在线学
将帅营	营销总经理	将帅手册	内外部导师	集训共创+在线学
经营哲学班	全集团高层	经营哲学必修课	外聘导师团	集中学+经营方案
内训师	全集团员工	TTT（职业培训师培训）系列课程 大讲师训练	军校教练+商学院教练	集训选拔+每日训练

多年前，行动教育就在构建自己的"黄埔军校"——行

动大学。行动大学一共有8条人才生产线，其中，营销线的人才生产线有5条——新兵连、特战队、教官营、大将营、将帅营，这也是从士兵到将军的晋升路线图。千余名猛将从这里诞生，输送到全国各地的战场。

- **交付场**

战略级市场也是主要交付场。在行动教育，上海校区是我们的主要交付场。这样可保证管理到位，保证流程，保证成本，而且保证效果，保证品质。

核心市场：扩大权限

核心市场，比如说省会市场，也以直营为主。但是，核心市场的配置资源、兵力部署、管理权限是不一样的。我们不过去开课，它就变成我们的营销中心、服务中心。兵力有一定的限制，不是越多越好。

区域市场：建立 SOP

根据行业性质，有的行业在区域市场可以找代理，但是，所有的岗位都要建立SOP，哪怕是一个门卫、一个阿姨，每一个动作都要规范，特别是业务岗位，那就更需要SOP。你只能做什么，不能做什么，有优先顺序，必须严格按照顺序来。如果做不到，就撤销，关停并转。

海外市场：提前布局

海外市场，它关系到未来发展，关系到税务、优惠政

策，要提前布局，提前设计。

3. 调兵遣将

同样的产品，同样的市场，同样的时间，为什么人换了，业绩就千差万别呢？还是人决定一切，人是一切的关键要素，地利论还要解决调兵遣将和人员配置的问题。

老将打新城

秦国商量灭楚大计，问灭楚需要多少兵马，老将王翦说至少60万人。另一名将军李信则嘲笑王翦老了，他只要不超过20万人！秦王让李信统兵，王翦回家养老，结果李信大败。秦王不得不重新请王翦出山，给了他60万兵力，最终灭了楚国。

新市场比老市场难很多。我们以前也用过新将，但新将的阵亡率极高。新市场一定是老将、猛将去打，甚至要找2~3员老将，通过竞选方式，激发他们的潜能，让他们做出方案。

猛将始于卒伍

战国四大名将——廉颇、白起、王翦、李牧，两位出自赵国，两位出自秦国，都是纯粹的"行伍出身"，是从小兵开始，在拼杀中凭借战功崛起的。秦国的制度更彻底，全部大将都在战争中诞生，即便世家子弟，如果没有功劳，也是老兵一个。

没在一线，永远做不了一号位！一号位从士兵过来，这是铁率。特别是子公司总经理、区域公司总经理，一定要懂业务！你打下50万元的仗，我给你打500万元仗的机会，打下500万元的仗，就给你打1 000万元仗的机会，循环做大项目，一步一步地成为将军。

纸上谈兵的赵括，失街亭的马谡，一上来就指挥全军，他们是怎么被重用的？是因为家族关系。他们出身名门，形象好，口才好，气质佳，说起来一套一套的，这种人最能迷惑领导。

任正非说，把"指挥所"建到"听得到炮声"的地方。打仗实际上是外在导向，不了解业务，不了解流程，不了解客户，不懂人性，不懂竞争环境，没有做过一线的，只能做后勤。

管理岗位的功能是资源配置、内外部沟通、协调统筹，是以业务为导向的综合岗位。你想着空降过来一员猛将，到一线做管理，可以吗？我告诉你，他不了解你的团队文化，不熟悉公司的流程、标准，需要花大量时间磨合，你可仔细算一笔账，企业的这种内耗拉扯，隐性成本非常高。管理岗不是一个点的问题，而是牵连到面，他会影响一大片人的思维和动作，一出问题，都要跟着他买单。

人是非常主观的动物，你想去改变一个人，就犯了一个重大错误！我们不是教育人，是选择人，人是无法改变的，你看到的就是你得到的。

技术岗位、专业岗位可以从外部调，管理岗位不能从外部调。

不管是子公司一号位，还是门店店长，只要是一字头的，一定来自内部。

不用败军之将

何为败军之将？就是他的上一个东家垮了，他出来找工作，说原来公司如何不好，老板如何不听自己的。这样的"败将"，即使薪水要求不高，我也绝不会用。当然他会说，公司不是我搞垮的！但是，和你肯定有关系，你的血液里沾染了失败的思维模式、失败的习气。

同样，公司内部也是，比如某个区域市场的一号位，因为不合格被撤职了，那么，二号、三号、四号全部打回原形，后面的人一律不用。有的人不是说，把一号位搞废了，我们就上去了吗？

怎么可能？！

三国时期，张鲁手下的谋士杨松，作为曹操的内应，卖主求荣，坑惨了张鲁。等到曹操吞并了张鲁，杨松以为自己立下了大功，等着领赏，万万没想到，当场被曹操斩首示众。因为组织不养小人。

不管你是不是有这个心态，和你有没有关系，但总归是败军之将。没有时间验证，就宁愿错杀。这种做法的大原则、大方向是对的。

少将连长

华为用了"少将连长",就是少将的军衔,做了连长的工作。

这是什么逻辑呢?

就是这个"将"在公司里级别很高,但被调到一线去工作了,调到项目部去了,调到某个战区了。这就符合《孙子兵法》的逻辑,一定要从高打低。反过来,让连长当少将是行不通的。真正的"将",一定要春江水暖鸭先知,一定要沉下来。

调兵遣将,实质就是要知道战。我们的资源有限、时间有限,必须意识到轻重缓急,一定要有优先顺序,要舍车保帅。不管外面怎么变化,我们的原则不变,掌握这种规律和节奏,以不变应万变。

案例

华为怎么调兵遣将?让一线呼唤炮火!

总部服务一线 机会倾向一线

在华为,任正非提出了"让一线呼唤炮火"的口号,怎么打仗,前方说了算。

怎么来体现?首先,是称谓的改变。任正非要求,深圳总部不能被称为"总部",只能叫机关。我们都知道,大集

团总部的人，总是有满满的优越感，会认为决策权在总部，一线的人只能听总部指挥。一旦有了这种想法，怎么会有服务一线的精神和欲望？集团总部怎么能成为服务型总部呢？任正非认为，华为所有的价值都是客户创造的，只有到一线贴近客户，华为才有未来，因此必须给予一线足够的权力，二线员工不能高高在上，对一线员工指手画脚。

另外，在称谓上，华为也花了很多心思。同等岗位，默认一线的比二线的高出半级到一级；一线片区联席会议负责人是"总"，地区负责人是"总"，各个国家和地区的业务代表是"总"，业务代表下面负责客户、产品解决方案、服务、渠道的人是"总"，华为二线人员的称谓则比较简单，最典型的称谓是"部长"。

经过这样设计后，一线的"李总"回到华为基地，遇到二线的"部长"时，部长会自觉地低下来，说一声"李总好"。李总因此会感觉良好，回到一线后会和员工们说："家里很多人靠着我们打粮食，大家能者多劳，多加把劲儿。"

华为在"分钱、分权、分机会"时确实会向一线员工大力倾斜，从这个例子中我们可以看出：一个优秀的组织，必须在机制层面确保最优秀的人愿意去一线。

"没大没小"13级半夜呼叫21级

同时，华为在机制层面"赋能"一线。

在华为，一名刚进来的大学毕业生、职级13级的年轻员工，有"呼唤"职级21级的机关干部的权力。一个13级的一线"小毛孩"，因为需要项目资源，可以三更半夜拨打机关里一个他不认识的21级干部的电话，而且对方得接这个电话。

因为华为在全球开展业务，一线和后端沟通一般都是越洋电话会议，往往没有足够的时间提前通知相关人员，虽然有时差，但所有人都随时待命。华为的电话会议很有意思，一开始可能只有三个人在开会，两小时后，在线的可能已经有12个人了。为什么？一线向你的部门求助，你说只能提供部分资源，其他资源还需要某部门配合，于是一线会议召集者会把你说的那个部门的负责人也拉上线。

更绝的是，当这个电话会议快结束时，一线发起会议的这个"小毛孩"会说：感谢家里各位的支持，我稍后写一份纪要并抄送各位，大家明早回到部门，就请把资源落实一下。

任正非说：我也不知道一线要多少资源合适，只能让听得见炮声的人呼唤炮火，因为他离客户最近，大家先听他的，选择先相信他，我们事后复盘时发现浪费弹药了，再"秋后算账"，总结经验就好。

（本案例选编自《华为管理之道：任正非的36个管理高频词》邓斌著，人民邮电出版社出版）

第十一篇

九地篇——并力论

并力关键词

"并敌一向，千里杀将……"
"先夺其所爱，则听矣。"

——《孙子兵法·九地篇》

并力之义：抓要害 聚焦

"先夺其所爱，则听矣。"把敌人最重视的东西先给他抢了，这样，敌人就不得不任凭我们摆布！然后，"并敌一向"，集中兵力突击；"千里杀将"，擒贼先擒王。

孙子告诉我们，打仗要牵牛鼻子，牵一发而动全身，核心即并力。

并力有两个重点：
重点1：抓要害。
重点2：集中资源，聚焦。

不仅战争要并力，商业更需要并力。如果你能做到这两步动作，你的效率和创造的价值会非常高。

并力之计：一生只做一件事

一个企业资源有限、时间有限，并力，实际上是考验一个领导人做事的优先顺序。

2025年只做一件事 是哪件事？

并力做什么？焦点在哪？老板们可以问自己一句话：假如2025年这一年，我只做一件事，应该是哪一件事？

渠道？产品？品牌？标准？……

这些虽然重要，但是都是从你的角度出发的，没有从用

户角度出发。品牌关系到用户的认知，但没有直指核心；产品是另外一件事，产品做好了，用户不一定会买账。

商业中最最关键的第一要害，就是用户，如果不是第一的用户，第一战略、第一产品就落不了地，没有用户就没有一切。我可以非常确定、非常坚定地告诉你，只有当一个企业一切以用户为中心，一切以用户为导向的时候，才能够走向正轨。

并力之法：新超级大客户战略

"十则围之，五则攻之，倍则分之"，孙子一直强调合兵一处，猛攻一个方向，把一个关键点击穿。毛主席说过：无论自己有多少军队，在一段时间内，主要的使用方向只有一个。

从2023年开始，我们的主攻方向就是大客户。2023年计划攻下200家大客户，最终攻下243家；2024年，攻下295家；2025年，我们会猛攻超级大客户，推行新超级大客户战略。

1. 卖给谁——新超级大客户

超级大客户战略，解决的是产品卖给谁的问题。就是一切围绕超级大客户，做产品升级、研发升级、团队升级、组织升级、流程升级。决策流程、采购流程、生产流程、销售流程，都是基于超级大客户的。

什么叫超级大客户？我们常说的20/80法则，20%的客户决定了80%的业绩。再往上走，4%的客户决定了64%的业绩，1%的客户决定了51%的业绩。超级大客户就是龙头企业，就是那个1%。你的业务如果是To C，就必须锁定那些粉丝众多的意见领袖；如果是To B，就必须把行业的龙头1号客户找到。

"先夺其所爱"，商战中就是先夺取超级大客户。

你敢不敢向1号客户进军？你能不能征服1号客户？一旦你拿到1号客户，2号、3号、4号则顺藤摸瓜，可以形成碾压，降维打击。但是，今天你拿到的是10号客户，虽然在行业里面也有名、有实力，但是能打动1号、2号吗？他会觉得这是我的手下败将，对他来说没有意义。

从今年开始，行动教育就是锁定行业第一，主动出击。像这种鲸鱼级的客户，找他们合作的人多如牛毛，你必须主动敲门，主动找切入点，这个动作你必须做，否则你永远都是无名小卒。行业老大之所以成为老大，就是因为有超级大客户，成就了他们的超级业务、超级订单、超级地位。

2. 卖什么——王牌对王牌 倒逼产品升级

在中国的菜系当中，为什么淮扬菜那么有名？因为淮扬菜有超级大客户。最开始让淮扬菜扬名立万的超级大客户是谁？皇帝。康熙、乾隆六下江南，跟着过来的一众达官显

贵,还有当地的土豪盐商,都是淮扬菜的超级大客户。皇帝要来吃你做的菜,你敢不好好做吗?举办国宴、官宴要用到淮扬菜,你能不改进、升级吗?

所以,我也要问你一句:超级大客户,你配吗?

有了超级大客户,是倒逼自己升级的机会。必须王牌对王牌!

你要用你的拳头产品,拿出你的看家本领,基于用户的需求,做非常大的升级。研、产、供、销、服,都要用最高的标准,缺什么补什么。

比如像行动教育的浓缩EMBA,21年深耕的这一款战略大单品,积累了近20万名学员,开课超过550期,600多家上市公司好评如潮,不断迭代升级。

就是得靠实力,靠品质,靠超级价值,没有捷径。

3. 怎么卖——流程再造

有了产品升级,接下来是整个流程的升级。

流程,就是工序,公司的业务步骤,从A到B,从B到C,它关系到各部门的协同。

新流程的设计,不是员工做的,也不是副总裁做的,任何一个副总裁都是垂直的,必须一号位牵头,把副总裁召集起来,一起梳理流程:客户是怎么知道的,怎么买到的,怎么接触的,每一个动作都要重新定义,副总裁们都要了解这个节奏和节点。

拆分流程：距离最短 速度最快

我们做超级大客户，发现所有的流程都要推倒重来。

基于超级大客户的流程，有两个重点：开发流程，交付流程。

过去，我们直接让伙伴去开发客户，就是告诉他，你去找啊，你去跑啊，让老客户转介绍啊，然后就把期望寄托在他身上。但是，他怎么去找？其实都是老板想做甩手掌柜的，让员工以为他一个人就可以搞定，其实员工根本搞不定。你要做学习官，做辅导员，做带教。

开发超级大客户的难度陡然升级，我们怎么解决？就是拆分成三个角色：一个管接触，一个管成交，一个管交付。

- 接触

谁负责接触？伙伴。伙伴只做一件事，即把我们行动教育的书送到董事长办公室，确认董事长收到。如果见得到董事长，就告诉董事长，我们是做赢利增长的专业公司，可以帮助公司提升利润，希望董事长给我们一个机会，公司的专家会帮其做一个提案。伙伴只需要胆子大，能"逮到"董事长。一本书不行，再送第二本、第三本。

- 预约

接触后的预约。这个环节伙伴只需要有这样一句话：董事长，请给我们20分钟时间，请我们的子公司总经理、分校校长，给您做个汇报，以帮助企业增长利润。这时候，对方可能答应,也可能拒绝。大多数情况是,过了几天,他们看过书之后,主动打来电话:叫你们的人过来吧。

总体来说,当我们把前面的动作做完之后,每家分校都能接到不少电话反馈,而且都是行业的龙头企业。

4. 谁去卖——组织升级

关键的成交环节,轮到谁了呢?卖什么呢?

让总经理去卖浓缩EMBA。

集团总部会做出一套完整的提案:是什么课,为什么要上,解决什么问题,以及客户的案例、行业的案例、标杆的案例,我们是怎么帮他解决的。总经理的任务,就是在此刻邀请他到现场。

现场的交付,就到我这里来了。我来讲浓缩EMBA,讲完以后,开始报名校长EMBA。

流程岗位分工:

伙伴——接触

子公司——成交

集团总部——提案

老师——交付

第一,把流程缩短;第二,把流程合并。用最短的距离、最快的速度,直指核心,然后每个岗位用最简单的动作,协作完成。

流程改造意味着岗位重新设计,这个时候就要进行组织升级。通过交付前、交付中、交付后三个节点分工,中间删掉了很多岗位，当我们做细以后，发现其简单高效。

5. 怎么管——管理聚焦

一号位躬身入局 训战结合

流程再造以后怎么落地？还是那句话，一号位躬身入局，训战结合。我要帮助他们解决开发过程中出现的卡点：

- 伙伴的书送不到怎么办？
- 对方收到了书，但是没看怎么办？
- 提案了没有成交怎么办？

……

把这些障碍全部梳理出来，每周两小时，我在线上一一对话，一步一步检查，追查到底。

- 针对伙伴：所有"战区"一号位客户有多少？发出去的书和信件有多少？多少有回复？多少没有回复？
- 针对总经理：见到董事长没有？见到后遇到什么障碍？如果没障碍，为什么没签单？签了单的，为什么没来上课？

对大客户的服务开发流程，我要了如指掌。你用什么语言写营销信给对方，我要过一遍，我要看内文怎么排版，抽线怎么抽，还要用我们自己的信封，要有一种高档的设计感，这些细节都关系到老板会不会看这封信，我们对用户的价值够不够档次。因为这信是给最大的老板看的，我有老板

的思维，我要用老板的角度，去优化这些细节。

还有，你送什么书，书的配套手册用什么，语言怎么表述，我都要跟你一一核对。

进行提案的总经理，提案的录音要给我，PPT要发给我，然后行动教育的几十位总经理，都要看他的提案，让他讲一遍。先表达客户在哪里，他在哪里，场景是什么，然后他给客户怎么讲，第一句是什么，第二句是什么。最后我做总结点评，哪些话该说，哪些话不该说，哪些话应该有更好的呈现。

客户在哪里？客户就在那些提案中。我们是一个个排查的，如果你把客户丢了，也得跟我讲一遍是怎么丢的，一定要让你再拿回来。如果客户成交了，你也要给我们总结一遍，原因是什么。

这就是我的工作。我不抓这些事，抓什么呢？就稳坐中军帐，等着订单送到我手里吗？你要通过训战来规范他们的动作。其实，失败的根本问题就是这些流程我们忽略了，这些行为管理我们忽略了，你只是吼叫、只是训话，一点用都没有。

检查追踪 积分排名

我们把标准、分工、流程、时间节点变成积分制的管理，通过排名，死抓副总裁，死抓总经理。

所有总监、员工进入CRM系统（客户关系管理系

统）：每天拜访多少客户，派发多少本书，接到多少回信，每天派出的顺序，还包括提案时间、提案表、提案内容审核，都进入"监控区"，一个死角都不能留。最后是总结、复盘、迭代，循环往复。

从今年开始，我们锁定了行业第一的全部客户，不仅是A股的5 000家上市公司，也包括在中国香港、在美国纽约上市的公司。这场战役要持续3～5年时间，也就意味着行动教育5年时间只做一件事。我们的产品在升级，组织在升级，管理在升级，流程在升级，价值在升级。

最后盘点下来，大客户给我们带来了大业绩，大客户的复购率、采购量、消费金额非常惊人。

闪电战提速 10天开发一个大客户

从前，我们开发一个客户，标准时间是4个月。现在，通过闪电战提速，10天开发一个大客户。

10天开发客户的这个标杆，我会马上树立起来。他为什么只用了10天？他说对了什么？怎么提速的，我们会把这些方法形成标准。紧接着，用这个10天的标准倒推，所有人按照这个方法训练，改变话术，改变流程，改变动作。马上又有一单出来了，4天开发出一个新的大客户！

那么，这4天是怎么出来的？去找到这位大客户，我们从源头上做分析：客户是看了我们的书，然后主动打了电话，书是中秋节前一天寄出去的，中秋节后第二天电话就过来了……

4天的标杆出来了，我们马上举一反三，把这4天的节奏、4天的流程、4天的动作、4天的方案，让所有总经理学习，总经理要按照最快的速度、最快的节奏，通关考试。

现在我们对总经理的要求是，接到电话，第一时间出现在董事长面前！

"董事长，我现在刚好在您楼下不远的地方，把定位发给我，我马上到。"

不管你在哪里，都要这样回答！不管客户在哪里，你飞都要飞过去！

抢时间很重要，抢的其实是董事长的那种热度。如果你问他，明天上午行吗？他可能会说，明天我有会。明天下午呢？下午我也排满了。那后天呢？后天要出差了。这事基本就黄了。你不能让他拖延一分钟。

情绪、状态、巅峰时刻，你自己先要调动起来。

最怕的就是大家都疲了，等着、耗着，推一下，动一下，你要把这个状态给扳过来。你想要什么，你要求什么，你就可能得到什么。

行动教育一直有把杀手锏——电网，这把刀相当犀利，每年升一步，步步紧逼。但是我们现在觉得电网都太慢了，必须是急速闪电战！

> 案例

孙子伐楚 现代企业商战模板

楚国，是拥有万乘兵车的超级大国，秦国名将王翦伐楚，向秦王要了60万人的军队才最终成功。而孙子，以区区3万人的吴军，横扫楚国20万之众，五战五胜，占领楚国国都，楚国险些亡国。孙子伐楚之战，是《孙子兵法》在战术层面的全面应用，是孙子成为"兵圣"的封神之作，也是现代企业的商战模板。

奇胜+速胜——"以迂为直"+闪电战

公元前506年，吴王命孙子担任将领，进攻楚国。

孙子如何伐楚？首先，用的是"奇正结合"的闪电战。

本来，吴国位于长江下游，吴军乘坐战船，溯水而上。然而，行至半路，孙子突然改变路线，下令弃舟登岸，取道蔡、唐，自陆地进军。

吴国擅长水战，为什么突然弃船？

孙子认为，楚国在上游，吴国在下游，如果逆水乘船，行进迟缓，会给楚军较长时间准备防御，楚国以逸待劳，对吴国肯定不利。

吴军弃船登陆，则出其不意，从北部突入楚国境内！突然出现在楚国防守薄弱的要害汉阳，"先夺其所爱"，打了楚国一个措手不及！兵锋直指楚国郢都。

胜论

商战要点：以迂为直；奇正结合

"并敌一向，千里杀将"

这时，楚国在极端惊愕中仓促布防，楚昭王急命囊瓦率兵赴汉水西岸布阵，阻止吴军渡江。囊瓦不知孙子利害，主动渡过汉水，寻求与吴军会战。孙子假意撤退，调动楚军，选择在柏举一带，与囊瓦进行决定性的会战。

"善战者，制人而不制于人"，楚军陷入被动，一战即溃。孙子紧追楚国逃兵，行至水边，用"半渡而击"的战术再破楚军。此后，孙子率军昼夜兼程西进，集中兵力，各个击破楚军败军和援军，直抵郢都。楚国根本来不及调动大军，敌人就已兵临城下。

商战要点：并力；调动别人，不被人调动

全胜——未费一兵一卒占领郢都

吴军逼近楚国郢都时，孙子勘察地形，发现漳江在此处流淌，水势汹涌，纪南地势低洼，西边有赤湖，湖水连通纪南以及郢都城下。吴军"择高而立"，连夜深挖一道壕沟，将漳江之水引入赤湖。与此同时，筑起长堤，拦住江水。江水无排泄之所，致使平地增高两三丈，径直灌入郢都之中。楚王只能弃城奔逃，孙子未费一兵一卒，成功占据郢都。

十天破楚！整个吴军士气、情绪、状态都在巅峰时刻。这时，吴王还打算继续打下去，孙子则主张撤退，因为楚国幅员辽阔，各地的援兵一到，就会陷入持久战。

商战要点：择高而立；闪电战；情绪的巅峰时刻

"兵非贵益多也"。在战争中，兵力多少是相对的，孙子以三万精兵，集中击打分散而指挥混乱的楚军，还是"胜于易胜"。

1972年4月，在山东临沂银雀山汉墓，《孙子兵法》竹简横空出世，成为中国当代十大考古发现之一。孙子在此次战役中，忠实地履行了他刻在竹简上的每一句话。

"其疾如风，其徐如林，侵掠如火，不动如山"是孙子打仗最经典的概括。行动时，像疾风一样迅速。调动时，像树林一样整齐。进攻时，像烈火燃烧。防守时，像山一样不可撼动。这句话，也成为当代企业商战的座右铭。

第十二篇

火攻篇——不败论

不败关键词

"发火有时,起火有日。"
"明主慎之,良将警之……"

——《孙子兵法·火攻篇》

不败之义:慎用大杀器

火烧赤壁,火烧连营……古代战争里到处提到火攻,火,是大杀器,而这一大杀器的背后是势能和风口。势起了,风来了,猪都会飞舞。我们在前面谈到观时、取势,就是要看清时和势,借助风口。

那么,如果风口真的来了,就一定要"点火"吗?就一定能胜吗?

《三国演义》里,诸葛亮南征,孟获请来的三万藤甲兵刀剑不入,用常规办法根本打不赢。诸葛亮为了破敌,将藤甲兵引入谷中,放了一把火,把他们烧得一干二净。然而,事后诸葛亮情绪低落地说:我虽对社稷有功,但一定会有损自己的寿命。

任何大杀器,其实都是会反杀自己的。

孙子强调,发火有时,起火有日。火攻是需要一定条件的,风向不对,时间不对,能力欠缺,条件不成熟,烧到的是自己。

在商业世界中,风来了盲目煽风点火,风口就会反噬,点火变拱火,反杀企业。

不败之计:居危思危

最近,我在公司里接待了一个大客户,刚一会面,他就

胜论

非常激动地跟我讲,说要和我们展开合作,能给我们带来千亿市值。

他是地产商,在他老家那边知名度很高,当地县政府招商引资,给了他一个游学项目,100多亩地作为游学基地。他听完以后热血沸腾,他说他翻看了教育部很多文件,要求学生要参加游学,做社会实践,这个生意包括了小学、初中、高中,而且政府会发文,让学校都到他这里来。于是,他决定拿下这100多亩地,搞一个游学的"军事基地"。下面是我和他的对话:

"项目签了吗?"

"签了。"

"投资了吗?"

"投了。现在已经在买装备了,买了坦克、装甲车,后面还要买飞机、大炮……"

"钱从哪里来?"

"自己的钱,没有贷款。"

"项目分析下来大概要多少钱?"

"首期投资上千万,后面还要搞二期、三期。"

"用户在哪?"

"小学生。"

"你知道小学生的游学是怎么开展的吗?他们花多少钱?谁花这笔钱?都花在哪儿?"

"……"

我后面的问题，他有点接不住了，他告诉我，之前他们那边的游学活动，就是把孩子们拉出去，到田埂上坐一坐，烧个玉米，烤个红薯，花费也就20元。

游学需要这么兴师动众搞军事教育吗？义务教育是免费的，可游学费用从20元上升到1 000元，这多少倍啊？！谁来出？这是什么逻辑？到底解决用户什么价值？

一番交流之后，我不但没有听到机会，反而觉得危机重重。

很多企业家，看到风口，就按捺不住自己的兴奋。觉得自己什么都可以做，越过边界，为做而做——产品多元化，投资多元化。

还有一次，在校长节上，一位企业家咨询我，他们做了20年的机械制造，规模上亿，3年前，他们发现一个新蓝海——医疗器械，当时正在风口，所以投入2 000多万元开发了一种器械，他说，这个产品"可以让人年轻20岁"。但是，3年过去了，却一直卖不出去，不知道还要不要做下去。

这样的例子，这样的疑惑，我其实每天都能听到好多。

如果让我用孙子的话给出答案的话，就是"明主慎之，良将警之"！

作为领导者，一定要居危思危。

胜论

不败之法：四个成功制高点

如何居危思危？我们做一件事，判断要不要"点火"，能不能做成，会不会失败，要从下面四个角度来看。

1. 基因论：第一的基因

成功的第一个制高点，是第一的基因。

我问他，你做了20年的机械，行业排名第几？他说不太清楚，可能排得很远。

那么问题来了：做了20年还是一个无名小卒，从这件事情上倒推，换赛道、换产品就能有更高的起点吗？会有突破性的改变吗？所以，我劝他回到主业上去，把原来的业务做好。

成功不是偶然，是必然。凡是没有拿到过第一，没有获得第一的人，一定要深度反思自己，你适不适合做商业。基因的背后是思维模式、认知、性格特质，这是底层逻辑，因果定律。

但凡有第一基因的人，他接手一件事，马上能分清主次。目标清楚，果断执行，这是与生俱来的。你把一个一直得第一的人打倒，剥夺他的一切，他同样可以再站起来，再次做到第一。

你有第一的基因吗？这是个扎心的问题。我们要找到自己背后的镜子，反省自己，有没有先天不足。没有拿到过第一，这背后一定有致命的障碍，必须找到你身上的病毒，去除病毒。

2. 心智论：以用户为中心的思维

第二个制高点，你有没有用户导向的思维逻辑。

这其实也是基因问题。思维方式，是成功路上一个非常大的分水岭。很多人永远是以自我为中心的主观思维，只出不进的单向思维，只能看到自己想看到的，缺乏自知之明、识人之明，高估自己、低估别人，稍稍一点挫折就扛不住，给他一点热度就膨胀。这就是心智不成熟。

你连自己的心智都不成熟，如何占领用户的心智？

成功的思维，是客观思维、双向思维。在商业上，就是以用户为中心，从我心到彼心。一个老板，如果像偏执狂一样的强调用户，就对了！

这不是你懂不懂商业逻辑的问题，而是你能不能克服人性的问题。

不要以为用户思维很容易，如果你能做到，说明你具有商业天赋，你一上手就能发现用户是谁，用户在哪，就会盯着用户看，围着用户转。

你如果一天到晚就想着我怎么做？我怎么做？我怎么做？东一拳西一腿，闭门造车，那就是把成功交给运气。运气好的话，短期不会败，从长期来看，这个坎你是过不了的。

3. 复利论：资源积累

第三个制高点，时间。

时间有两个维度：窗口和复利。

首先，是有没有风口和趋势。这是前提条件。其次，更重要的是，在这件事情上，你有没有积累。这是必要条件。

不积跬步，无以至千里。孙子强调厚积薄发，尊重规律。春耕、夏种、秋收、冬藏，以农业心做商业事，从量变到质变。

企业的成功来自很多要素，也不是说你一件事情成功了，具备第一的基因，就可以样样通吃。术业有专攻，行行出状元，第一是积累来的，半路出家的鲜有成功。

4. 价值论：独一无二

最后一点，是你能不能提供独一无二的价值。这个已经是次要的了。核心还是人，人定胜天。

今天，如果让我来决策，比如让我投资某个项目，我第一会问：这个项目谁在做？他是第一吗？第二，他的经营管理能力，能够体现出因果定律吗？第三，他是怎么做到品牌制高点的？第四，他知道优先顺序吗？什么是重点？第五，他能抓住窗口期吗？第六，他懂得用户的独一无二的价值吗？第七，他能够坚持吗？能够以终为始，一以贯之吗？

如果从基因论、心智论、复利论和价值论去判断商业上能否成功，去判断一件事情能不能做，你会发现，成功非常不容易，如果不是站在这四个制高点上，千万不要玩火自焚。

在商业面前，要永远谦卑，永远如饥似渴地学习，永远怀着一颗敬畏的心，永远如履薄冰。让胜利成为一种信仰，深入骨髓；让成功成为一种习惯，植入细胞。

案例

揭秘克罗克成功的四个制高点

52岁穷困潦倒，70岁成为世界首富！美国有数不清的汉堡店，但为什么唯独雷蒙·克罗克率领麦当劳异军突起？这绝对不是偶然！最终起作用的还是人。

天降大任 丰富的人生积累

克罗克家境贫寒，高中只读了一年，就开始闯荡江湖，当了25年推销员，甚至在推销房地产失败之后，遭遇过破产。他50多岁时，还在卖奶昔机，勉强维持生活。

麦当劳不是克罗克的原创，是麦当劳兄弟开的一个汉堡店，一天中午，当克罗克走近这家餐厅的时候，餐厅外的停车场挤着150人，服务人员高速作业，30秒闪电出餐……他立刻感到豁然开朗，眼前一片光明。

"为将"的素质和潜力

克罗克做了一个大胆决定：把自家房子抵押，开麦当劳分店。"全国许多地方可以开这种餐厅！"他无比兴奋，他和麦当劳兄弟签了合约，不断发展特许经营。

胜论

天命之年的他，明白自己的处境，这次不成功，一生就没希望了。他努力把麦当劳作为一个企业稳定下来，以高标准、高品质作为和其他汉堡店的区隔。他把个人的魅力、丰富的人生经历融为一体，"为将"的潜力逐渐发挥出来，生意不断壮大。后来，克罗克从麦当劳兄弟手中买走了麦当劳的商标、版权以及烹饪配方。

躬身入局 事必躬亲

他带头身体力行，做各种小事，下班前还要把办公室整理得干干净净。在办公室的冰箱上，他贴出一张告示："谁把纸杯乱丢，就被开除。"他提出要实行严格的卫生制度，面对职员他强调："如果你有时间偷懒，那你就会有时间做清洁。"

建立标准 占领制高点

克罗克制定了"Q. S. C"标准，即品质上乘、服务周到、地方清洁，成为麦当劳区别于其他快餐店的独特标志。

根据公司的质量标准，牛肉原料必须是精瘦肉，脂肪含量不得超过19%。牛肉绞碎后一律按规定做成直径为98.5毫米、厚为5.65毫米、重47.32克的肉饼。在保证质量的同时，还必须强调一个"快"字：要在50秒内制出1块牛肉饼、1盘炸土豆条以及1杯饮料。

为保证食品新鲜，还明文规定汉堡出炉后10分钟或土豆条炸好后7分钟内卖不掉的话，就必须扔掉。

以用户为中心 不断迭代

克罗克创立"汉堡包大学",只承认汉堡包大学培养出的汉堡包学士,强调经理人员必须接受专门训练。

在总部办公室里,悬挂着克罗克的座右铭:世上任何东西,都不能代替坚持。

"才华"不能:才华横溢却一事无成的人并不少见。

"天才"不能:是天才却得不到赏识者屡见不鲜。

"教育"不能:受过教育而没有饭碗的人并不难找。

只有坚持加上决心,才是无坚不摧的。

克罗克的经历很励志。他之所以最终"爆发",首先,是他集优秀将帅的各种基因于一身;其次,是他的积累,他的大半生都在一线战场中历练,血海中突击,最后终于杀出一条血路;最后,是始终如一的坚持,标准化、简单化、专业化,成就了麦当劳。

第十三篇

用间篇——先知论

先知关键词

"……不知敌之情者,不仁之至也,非人之将也,非主之佐也,非胜之主也。"

"故明君贤将,所以动而胜人,成功出于众者,先知也。"

——《孙子兵法·用间篇》

先知之义：知天 知地 知己 知彼

因为"无知"而遭受败绩的将帅，不是好将帅。英明的将帅，之所以一出兵就能战胜敌人，都是事先掌握了信息。

《孙子兵法》的最后一篇，重点是先知。

孙子反复强调"因知而胜"。在《孙子兵法》全篇，总共出现过79次"知"！

"知己知彼，百战不殆；不知彼而知己，一胜一负；不知彼不知己，每战必败。"

商战中，你一定要有下面的八个"知"。

商战中的八个"知"：

知大势——风向、风口，未来趋势

知己——自己的第一在哪里

知彼——标杆的情况，竞争对手的情况

知利害——商战背后的目的和动因，要获得什么利，有什么害

知要害——什么是关键的要害

知战——什么时候可以战，什么时候不可以战

知时——什么时间战、节奏怎么把握

知将知兵——将和兵的性格特长和能力范围，什么人该干什么事

胜论

先知之计：信息战

信息战 成本最小的战争

我们看到，在古代战争中，将领会使用各种方法去迷惑敌人，比如，行军减灶，明修栈道，暗度陈仓，三国故事里的群英会蒋干中计，使敌人得到错误情报，甚至利用反间计、离间计。曹操进军关中，打不过马超和韩遂的联军，问计于谋士贾诩，贾诩说，这容易，四个字——"离之而已"。就用一招离间计，没用一兵一卒，没花任何成本，成功瓦解了马超和韩遂。

孙子认为，兵战的成本太高了，而信息战只需每日百金，小成本，大买卖，非常合算。

在美国，有中情局、国安局等情报机构，专门负责全球范围内的情报收集、分析和传播，每年预算惊人。然而，相比战争动辄几万亿美元的消耗来说，这点花费真是毛毛雨了。

信息战，是成本最小的战争。

未来实际上就是信息战，情报战。从某种意义来讲，商战打的就是信息差、认知差。

先知之法：信息的获取和处理

战争是"合于利而动"，如何判断"合于利"？依靠情报优势，遵循"收集—分析研究—处理—决策"的逻辑。

1. 标杆公司尽在掌握——信息收集

信息收集，其实就像天线一样，眼观六路，耳听八方。

- 锁定标杆国家、标杆企业、标杆行业的所有动向：科技动向、产业动向、管理动向、业绩动向、收入成本动向。
- 行业上下游的技术变革、市场需求变化。
- 行业变化、产业变化、产品变化。

2. 强组织——战略研究

信息收集来的只是原材料，如何更好地为我所用，透过现象看本质，需要深入加工和处理。所以，第二个动作是强组织。

在行动教育，我们成立了战略研究部，针对标杆公司，或者标杆国家的趋势和发展，每周一个主题，召开专题会议，做数据分析、沙盘推演：产品、客户、业务，一一对应，哪些要升级，哪些要改进，哪些要迭代，哪些要合作，马上作出相应的决策。

商战兵法："先知"的三大功能

- 雷达系统——全球信息中心

功能意义：收集信息，整理信息，引导决策

- 造势系统——全球趋势的制高点

功能意义：顺应时代趋势，打造品牌大事件

> - 对标系统——全球标杆的导航系统
>
> 功能意义：站在未来看现在，学习标杆实践，持续改善找差距

3. 建系统——全球借力

内部强组织，外部建系统，组成信息收集的立体网络。

- 小蜜蜂系统——深入"敌"后

比如，我们得到一个信息，美国西北大学的凯洛格商学院推出了"首席数字官"课程，推动营销成果导向的数字化转型，这个课程很新颖，为了把这个课程搞清楚，我们专门派人去上这个课，随时汇报学习成果，收集学习资料。

- 全球的信息雷达网络——全球公开招募专家、导师、顾问

运用外部资源带来的信息也非常重要。官渡之战时，袁绍军队数倍于曹操，曹操胜算并不大。这时，袁绍阵营的谋士许攸深夜来投奔曹操。曹操听说许攸来投，惊喜万分，来不及穿鞋，光着脚就出来迎接，因为许攸带来了袁绍囤粮地乌巢的详细信息。曹操了解到乌巢是袁绍的要害所在，马上利用这一信息，亲自率军进攻乌巢，一把火烧毁了乌巢的所有粮草。失去粮草的袁绍大军顿时崩溃。

- 同行企业的调研互访机制——与巨人握手合作

基于用户的需求，我们会定期调研全球顶尖商学院的最新课程。比如，哥伦比亚大学商学院的首席执行官课程，美

国哈佛商学院的全球高管领导力课程，美国沃顿商学院的管理发展课程。我们的最终目的，就是看和中国企业怎么对接，调研之后总结、归纳、研判，我们值不值得引进来，值不值得合作。

- 趋势追踪——千里眼、顺风耳

全球趋势：全球政治、经济的最新动态，企业界的动态……

国家趋势：国家最新的产业政策、资本市场动态、行业趋势……

技术趋势：比如，百度开发者大会、GPT-4o发布大会……

客户趋势：最新的客户需求变化，比如，麦肯锡《全球杰出CEO的成功之道》；《哈佛商业评论》《2024未来管理趋势年度报告》；罗兰贝格《中国行业趋势报告》等，以及全球顶尖的管理思想……

> 案例

先知论在行动教育的落地

强组织，建系统，提方案，做决策，最后是一号位亲自指挥在公司的落地。

ESG（Environmental 环境，Social 社会，Governance 治理），是评估企业经营的可持续性与对社会价值观念影响的

三个维度。这一概念2004年由联合国首次提出，目前已成为国际上主流的企业可持续发展信息披露框架体系，是企业追求高质量发展的核心框架和内在要求。

品牌造势 加入联合国全球契约组织

两年前，我参加了战略研究部的一次关于ESG的专题会议，会后，我们一致认为，ESG的大趋势不可阻挡，于是，我们立即启动ESG计划，开始做绿色低碳转型：将原有战略委员会升级为战略与ESG委员会，全面负责公司ESG管理工作的决策制定、行动落地、监督考核；新教室全部整改，通过世界三大权威绿色建筑认证；行动导师集体学习复旦大学ESG课程，成立工作组；引入顶级的ESG研究负责人，打造ESG可持续发展计划。

2024年，行动教育首次发布《2023环境、社会和治理（ESG）报告》，分享了公司在ESG领域的实践，其中包括通过实效管理教育赋能千万企业成长、健全培训体系为员工建设安全健康有活力的工作环境、积极参与公益慈善活动为社会福祉贡献行动力量等。行动教育在报告中郑重宣告了"未来三大行动"：对标学习国际先进的ESG践行者、升级打造ESG宣传教育平台、五年内帮助10 000家企业实现可持续发展。

同时，在课程教学、用户体验、用户价值等多维度，推行可持续发展理念与行动。

我们还发现，联合国契约组织是世界上最大的推进企业社会责任与可持续发展的国际组织。为了抢占了品牌势能，我给联合国秘书长写信，并收到总干事的回函，最终申请成功，成为联合国契约组织成员。

ACTION 行动教育　　　　　　　　　　　　　　　　A股主板　605098

28/08/2024

联合国秘书长安东尼奥·古特雷斯
阁下，纽约州
纽约州 10017
美国

尊敬的秘书长：

我很高兴地宣布，上海行动教育科技股份有限公司（Action Education）支持联合国全球契约中关于人权、劳工、环境和反腐败的十项原则。通过此次通讯，我们表达了我们致力于将联合国全球契约及其原则作为我们公司战略、文化和日常运营的一部分，并参与合作项目，以推进联合国更广泛的发展目标，特别是可持续发展目标。上海行动教育科技股份有限公司（Action Education）将向我们的利益相关者和公众明确声明这一承诺。

我们认识到，参与联合国全球契约的一个关键要求是每年提交一份进展情况通报（COP），其中描述了我们公司为实施十项原则所做的努力。我们支持公共问责制和透明度，因此承诺在加入联合国全球契约后的日历年开始报告进展情况，此后每年根据联合国全球契约（COP）政策报告进展情况。这包括：

- 首席执行官签署了一份声明，表示将继续支持联合国全球契约，并重申我们对该倡议及其原则的持续承诺。这与我们最初加入联合国全球契约的承诺书是分开的。
- 完成进展通报的在线问卷，我们将通过该问卷披露我们公司为将十项原则融入我们的业务战略、文化和日常运营而做出的持续努力，并为联合国目标，特别是可持续发展目标作出贡献。

此致

李践先生
首席执行官
上海行动教育科技股份有限公司

加速企业迈向第一　　　　　　　　　　　　　　　　　　　　www.xdjy100.com

> **UNITED NATIONS**   **NATIONS UNIES**
>
> POSTAL ADDRESS—ADRESSE POSTALE: UNITED NATIONS, N.Y. 10017
> EMAIL: INFO@UNGLOBALCOMPACT.ORG TEL: +1 212 963 1490
>
> 2024年9月9日
>
> 尊敬的李践先生:
>
> 感谢您致函秘书长,表达贵公司在人权、劳工、环境和反腐败等领域对全球契约原则的承诺。我们赞赏贵公司做出这一决定的领导作用,并欢迎贵公司参与全球契约——全球最大的企业公民倡议,有来自160多个国家的数千名企业参与者和其他利益相关者,他们来自民间社会、劳工和政府。
>
> 全球契约的核心是一种信念,即植根于普遍原则的商业实践有助于全球市场在社会和经济上更具包容性,从而推进国际合作、和平与发展的集体目标。鉴于企业与社会之间的共生关系,这些目标对私营部门的健康和活力至关重要。事实上,参与全球契约的公司正在努力为这种基于原则的变革方法赋予具体意义。
>
> 全球契约要求参与公司追求两个互补的目标:(1)将十项原则内化到公司的战略、政策和运营中;(2)开展项目以推进联合国更广泛的发展目标,特别是可持续发展目标。我们明白,在商业中实施普遍原则是一个长期的过程,并鼓励参与者遵循持续改进的道路。这一承诺需要领导层通过持续的活动和合作伙伴关系,以及公司参与对话,愿意学习和致力于实际行动的持续支持。
>
> 作为一项自愿倡议,全球契约从参与者的承诺和行动中汲取力量。为了促进实施和进步,我们为参与者提供各种学习和参与机会。这些网络包括:80多个国家和区域网络,其中的问题和活动是在地方一级推动的;关于原则和其他优先问题的实用工具和指导文件;在国际和本地活动中,多方利益相关者可以交流经验,参与学习和解决问题的练习,进行对话,并确定志同道合的组织进行合作项目。有关这些活动的进一步详情,请参阅所附指导文件《签署之后:联合国全球契约参与指南》和全球契约网站(www.unglobalcompact.org)。
>
> 信誉和问责制是推进负责任的商业议程和保护全球契约合法性的关键因素。因此,参与该倡议的一个关键要求是每年提交一份进展情况通报(COP),描述贵公司为实施十项原则所做的努力。贵公司的首个COP应在加入全球契约的一年内完成,此后每年都要完成。我们认真对待这一诚信措施,未能连续满足缔约方会议最后期限的公司将被停用。
>
> 《进展情况通报》的作用远远不只是表明您参与了全球契约。我鼓励您将这一进程视为一种机制,用于评估和展示贵公司将负责任的做法纳入日常运营并为社会带来有意义变革的行动所产生的影响。准备和提交公司COP的指导方针也可在附件的指导文件中找到。
>
> 我们再次感谢你们加入全球契约。我们渴望听到您的想法和经验,并鼓励您与我们分享您的观点。我们愿支持你们践行十项普遍原则,为构建更加可持续和包容的全球经济作出贡献。
>
> 桑达·奥佳博 Sanda Ojiambo
> 联合国助理秘书长、联合国全球契约组织总干事

  这样,我们就成为联合国在中国ESG的推行者、践行者和传播者。公司可以借力联合国,在品牌上得到借势。

  这些都来自战略研究部,也包括课程研发、课程迭代、全球遍访名师。

先知论的最终落地，还是一把手工程。从2023年7月8日战略研究部成立至今，累计召开34次会议，每次会议我都亲自参加，亲自推动，亲自参与全过程。

标杆取势 全球管理高手华山论剑

近年来，我们持续引进世界级导师及战略合作伙伴：与瑞士IMD国际管理发展学院共开"数字化转型"大课；紧接着，我们又引进了美国管理学之父菲利普·科特勒的教学体系，与科特勒中国传人曹虎推出"新增长路径"；还有大名鼎鼎的美国学习型组织之父彼得·圣吉；中国人民银行原副行长、著名经济学家朱民；日本鼻祖级精益管理大师田中正知，解析丰田生产方式，推出"新精益管理"；阿里钉钉总裁叶军，以及我们班上的同学史楠，开发出"数字化组织"的课程；对标美国普利斯顿大学"普北班"模式，推出"行动管理模式"理论体系……

东邪、西毒、南帝、北丐、中神通，高手汇聚行动教育，形成百家争鸣、华山论剑之势。

后记
行动教育引领企业家学兵法、论兵法、用兵法

在《胜论》诞生的同时,由李践老师带班,众多领军企业家从千年兵法中汲取商战智慧和管理精髓,掀起学兵法、论兵法、用兵法的热潮。

行动教育孙子兵法哲学班课后研习成果节选

课后,企业家们对标孙子兵法每一篇的精髓,根据自身的特点,制定出一套企业的战略、战术、战法,并分别与李践老师交流和探讨。

后记

聚衣堂创始人　张斌杰

（一）计篇 / 05 法

- **法令孰行**
  法令简洁清晰，
  宣导及督导有力
- **兵众孰强**
  深度聚焦瑜伽服业务，
  做好企业文化及人才培育
- **士卒孰练**
  成长地图、
  兵棋推演、师带徒
- **赏罚孰明**
  晋升机制
  电网机制
  PK机制

聚衣堂　打造全球瑜伽服供应链第一品牌

正琨文旅集团董事长　赵亦楠

一 计篇　3 地

深挖护城河：
极致差异化——通过1+N多元产品组合带给消费者极致快乐体验

1 魔力活动 + N 核心产品

- 温泉水乐园—快乐·玩水
- 魔力空间—快乐·潮嗨
- 北京颐养生空间—快乐·躺平
- 客房—快乐·旅程
- 蓝鹦鹉俱乐部—快乐·撒欢
- 餐厅酒吧—快乐·炫饭
- 健康养身—快乐·享受
- 糖果会—快乐·陪伴

万骏汽车董事长　王柯

九 行军篇 —— 决战论

要素	方法	行动实践		我的应用
1.场	① 卖场 ② 店场 ③ 场景	每周场景： 浓缩EMBA战场 场级部署： 前：客户分类管理 中：学习改进辅导 后：成果转训		每天场景：汽车门店 场级部署：533战法 五段式销售：曝光+挖掘+邀约+成交+交付 二个三：3轮谈判，30分钟试驾，30分钟复盘再跟进
2.人	① 客户：新客户画像 老客户画像 ② 员工：新老员工分类、分级对应 ③ 流程：开发及服务接触点 流程标准化、行为化	新用户画像： 行业第一、上市公司 老客户画像： 行业第一、区域第一 成交流程设计 （卖什么、怎么卖）		1.新客户画像：行业领先 区域领先 员工基数 　老客户画像：个人零售 2.员工：初级+中级+高级（产品体验师） 　　　　　（厂家和公司标准化认定） 3.成交流程设计：分段式管理
3.货	拳头产品	浓缩EMBA 校长EMBA		奇瑞瑞虎 艾瑞泽系列 奇瑞高端星途　　星纪元系列
4.战役设计	① 并力 ② 聚焦 ③ 极速	集中资源 找到爆破点 动作提速		集中邀约 找到爆破点、购车方案优化 营造气氛，加速成交

柬埔寨富美进出口董事长　周志强

十 地形篇 —— 地利论

要素	方法	我的应用	
1.市场布局	① 战略级市场（大区）	柬埔寨的金边，吴哥省，马德旺省，榜针省	柬埔寨示意图
	② 核心级市场（省会）	柬埔寨的金边，马德旺，榜针	
	③ 地市级市场	柬埔寨的菩萨，榜清杨	
	④ 县域级市场		
	⑤ 海外市场		
2.调兵遣将	① 猛将必发于卒伍 ② 1号位阵亡，其他不能晋升 　1号位高升，2号位重用 ③ 老将打新战场	公司人才升级制度： 业绩：重点新产品的销售数量，新客户的开发数量 管理：人才招聘及培养结果	

企业家学习《孙子兵法》感言

远元集团董事长　郑远元
——用"五事"标准衡量决策　提高"大胜"的概率 护航全球化之路

《孙子兵法》介绍了很多战略、战术，对商战是非常高维的思维指导。其中有一个思想对我的影响很大，就是"五事"：道、天、地、将、法。我经常用"五事"的标准来衡量自己的决策，帮助集团提高"大胜"的概率。

在行动教育的"孙子兵法商战课"上，李践老师对"五事"有非常落地的解读：道，是宣告一份伟大的事业；天，是抓住趋势，时势造英雄；地，是抓住战略窗口期，为企业赢得大空间；将，是智信仁勇严的领导力修炼；法，是建章立制，组织管理。

2024年10月，远元集团正式开启全球化战略的第一步，同步布局美国市场、越南市场，择高而立，高维竞争。我们始终坚持"为生命加分"的崇高使命，至今已经设店9103家，年服务客户超过1个亿。时代的趋势在哪里，未来的发展空间就在哪里。在中国品牌出海的大洪流中，我们以"五事"作为指导思想，护航远元集团的全球化之路。我们决定在"道"的基础上，抓住"天"的趋势，作为中国大健康行业的一份子，迈出出海第一步，随后我们基于全球化战略，做了一系列"法"层面的建章立制，组织架构变革、深化连锁闭环商业模式，等等，与此同时，不忘提升"将"的全球战略思维与全球领导力素养。

千仞岗总经理　宗钦逸
——通过《谋攻篇》里战争四种模式的实践 带来20%的增长

学习完《孙子兵法》，对我影响最大的是《谋攻篇》中对于战争四种模式的论述：上兵伐谋，其次伐交，其次伐兵，其下攻城。在现代的企业竞争中，这四个方面必须都要赢：

"上兵伐谋"就是要赢在战略，通过学习李践老师的浓缩EMBA课程，我们制定了清晰的企业使命、愿景以及相匹配的5年战略、3年战略和当年战略，有了战略的指引，全公司能清晰地知道未来的方向，团队凝聚力更强，同时，对外部人才的引进也非常有帮助。"其次伐交"是要赢在整合，企业发展的过程中不能闭门造车，要走出去，要懂得利用外部的资源赋能企业的发展。"其次伐兵"是要赢在势能，一支有气势的队伍往往能做到不战而屈人之兵，在品牌建设上也是一样的道理，所以我们今年投入了大量的资源来打造品牌势能，通过明星代言、高铁列车冠名、全国高铁站媒体投放以及各种户外广告、公交广告等形式，大大提升了品牌的势能和影响力。"其下攻城"是要赢在运营，到了真正要两兵交战的时候，就是拼哪边队伍管理得更好，这个就是实打实体现运营功底的部分了。

我们公司通过这四个方面的实践，在大环境不是很好的情况下，也取得了20%的增长，这也是这次学习《孙子兵法》带来的最大收获。

国宝李渡总经理　汤向阳
——结合《孙子兵法》的出奇制胜，走差异化竞争，持续创新，打造行业"李渡现象"

《孙子兵法》中的战争指导思想和商业实战的竞争思维是高度统一的，所以在跟随行动教育学习《孙子兵法》的过程中，我有很多感悟，这里重点挑两点展开谈一谈。

第一句是"凡战者，以正合，以奇胜"。讲的是出奇制胜的道理。10年前，江西小镇上的国宝李渡，深陷连年亏损的发展困境，如何破局重生？就是通过出奇制胜，在高手如云的行业中，走出一条差异化的竞争道路，才有了后来的逆势翻盘，持续的高增长。第二句是"故其战胜不复，而应形于无穷"。讲的是每次战胜敌人的方法都不重复，适应形势变化无穷。对应到企业身上就是创新，这句话也是国宝李渡的战略指导思想。在新的发展阶段，用新的竞争策略保障胜利的可持续。近几年，面临多变的竞争环境，国宝李渡持续创新，保持了良好的发展状态，从10年前的年销售额5 000

万元、连年亏损,到现在的年利税超过9个亿。

我的体会是,《孙子兵法》所讲述的是高维竞争战略,是保障企业不败的指导思想,只要企业家学透、悟透,就能在商战中游刃有余,所以后续我也会持续读、反复领悟。

恒昌医药集团董事长　江琎

——学透《孙子兵法》,实现组织同频理解,形成共识,提高效率

2019年,我带着团队去日本游学,发现日本知名企业做到最后都在谈论哲学,我当时就意识到:做企业,一定要学哲学。

这几年,我通过各种渠道学习哲学。源自中国的东方哲学思想,影响了很多全球知名企业。《孙子兵法》就好像企业的经营教科书,可以理解为商业的道,也可以理解为商业的法,道的层面让我们时刻保持战略远视,保持思路清晰;法的层面让我们具备更强的推演能力,能够在商战之前就分析好战术,力求最小化损失,最大化胜算。

在课堂上身临其境地学习《孙子兵法》,无疑效果是最好的。老师非常有功底,跟企业经营又连接得非常紧密,顺着逻辑去找一些佐证,经得起推敲。课程解读得非常精细,很好吸收。对我来说,目前需要做好两点:一是自己学透,实现融会贯通,游刃有余地应用;二是能回去和团队分享,

实现组织上下的同频理解,这样才能形成真正意义上的战略性共识,提高组织效率。

富山精密机械科技董事长　吴良杰
——通过学习《孙子兵法》,进一步厘清思路,审视过去,获得启迪,提升企业获胜的概率

虽然战争和商战不能完全等同,但它们之间有很多互通的思维与方法。《孙子兵法》解析了战争深层次的逻辑,让我们在遇到关键问题时,能进一步厘清思路,重新审视过去,在复盘中进一步获得启迪,以更透彻的理解、更深远的视角,提升企业在市场上获胜的概率。

我认为,如果你是有雄心壮志要成就一番伟业的人,而且你的企业又发展到了一定的阶段,就一定要学习《孙子兵法》。《孙子兵法》与残酷的市场竞争关联最紧密,又上升到哲学的高度,是基于当下市场环境,企业最需要学习的。

授课老师对《孙子兵法》的研究非常透彻,是在数十年研究成果之上的再理解,并且非常密切地结合企业经营及商业案例,给大家进一步剖析其中的思维与方法。跟着这样的导师学习,能加快我们的领悟速度,比自己读效率更高、效果更好。

未来,《孙子兵法》将持续走出国门,成为全球领军企业家的枕边书。

反侵权盗版声明

电子工业出版社依法对本作品享有专有出版权。任何未经权利人书面许可,复制、销售或通过信息网络传播本作品的行为;歪曲、篡改、剽窃本作品的行为,均违反《中华人民共和国著作权法》,其行为人应承担相应的民事责任和行政责任,构成犯罪的,将被依法追究刑事责任。

为了维护市场秩序,保护权利人的合法权益,我社将依法查处和打击侵权盗版的单位和个人。欢迎社会各界人士积极举报侵权盗版行为,本社将奖励举报有功人员,并保证举报人的信息不被泄露。

举报电话:(010)88254396;(010)88258888
传　　真:(010)88254397
E-mail:　dbqq@phei.com.cn
通信地址:北京市万寿路 173 信箱
　　　　　电子工业出版社总编办公室
邮　　编:100036